돈이 없으면 인생도 없다.

—중국 격언

귀족은 오랫동안 돈이 많았던 사람이다.

—영국 속담

세상은 세 가지 기둥이 지탱한다.
첫째는 돈, 둘째도 돈, 그리고 셋째도 돈이다.

—동유럽 속담

가장 큰 죄악과 가장 나쁜 범죄는 가난이다.

—조지 버나드 쇼

부는 그것을 소유한 사람의 것이 아니라 그것을 즐기는 사람의 것이다.

—벤저민 프랭클린

한 사람이 사회적으로 존경받기 위해서는
반드시 평균 이상의 부를 확보해야 한다.

—소스타인 번드 베블런

빨리 부자가 되려는 생각은 실현되기 어렵다.
만약 그것으로 정말 성공했다면, 그것은 이 세상의
모든 사람들이 백만장자가 될 수 있다는 것이나 다름없다.

—진 폴 게티

안분지족은 하늘이 준 가장 큰 재산이고, 사치는 인위적인 가난이다.

—소크라테스

탐욕보다 큰 죄는 없고 보다 더 큰 화는 없다.
더 많이 가지길 바라는 것보다 더 큰 허물은 없다.
족함을 알고 그에 만족하며 늘 만족을 느끼고 살라.

—노자, 『도덕경』 중에서

돈을 빌리는 자는 빌려준 자의 종이다.

—데이브 램지, 『부자가 되는 비결』(비전과리더십, 2005) **중에서**

부자가 되는 것은 인간의 가장 큰 의무다.

—러셀 콘웰

당신의 돈이 당신보다 더 많은 수익을 올릴 때
진정으로 부자가 되는 것이다.

—데이브 램지, 『부자가 되는 비결』 중에서

보통 사람들은 다른 사람이 자신보다 10배 더 부유하면
욕하고 비난한다. 하지만 자신보다 100배 더 부유하면
두려워서 도망간다. 그리고 자신보다 1000배 더 부유하면
다시 와서 그의 일을 해준다. 그리고 자신보다 1만 배
더 부유하면 기꺼이 그의 종이 된다. 이것이 사물의 이치이다.

—사마천, 『사기』 「화식열전」 중에서

부자보다는 행복한 사람이 되어라.

—데일 카네기

돈이 있어도 이상이 없는 사람은 몰락의 길을 밟는다.

—도스토옙스키

부자들은 점점 더 부유해지고 있다. 당신은 어떠한가?
최근 뚜렷한 사회현상 중 하나는 중산층이 사라지고 있다는 것이다.
그리고 이러한 중산층의 감소는 국가의 안정은
물론 민주주의 자체를 위협하고 있다. 그래서 우리는
당신이 부자가 되어, 우리 사회의 문제가 되기보다는
해결책이 되었으면 한다.

—로버트 기요사키와 도널드 트럼프

부의 5가지 법칙

· 이 책은 『당신을 부자로 만들어주는 것들』(티즈맵, 2012)의 개정판이다.

부의 5가지 법칙

김병완 지음

당신도 부자가 될 수 있다

아템포

프롤로그

당신이 가난한 것은 부의 비밀을 모르기 때문이다

왜 많은 사람들이 부자가 되면 좋다는 것을 알면서도 부자가 되지 못하는 것일까? 심지어 부자가 되기 위해 엄청난 노력을 기울이지만 부자가 될 기미는 전혀 보이지 않고, 하루하루 생활고에서 벗어나지도 못하는 것일까? 어떻게 해야 천금을 가지고 도시의 군주처럼 영화를 즐기고, 만금을 가지고 왕처럼 즐기면서 돈이 주는 즐거움을 맛볼 수 있을까?

많은 재테크 전문가들이 한푼두푼 아끼고, 중고차를 사고, 인내하라고 말한다. 과연 그렇게 해서 부자가 된 사람이 있을까? 한 푼이라도 아껴야 잘 산다고? 천만의 말씀, 만만의 말씀이다! 바로 그렇게 살기 때문에 당신이 부자가 되지 못하는 것이다. 부자가 되는 방법은 그런 것이 아니다.

부를 숭배한다고 하기보다는, 부를 갖지 못하면 인생을 편안하게 즐기며 살 수 없는 세상이라고 말하는 것이 더 옳을 것이다. 지금 이 세상은 부가 없는 사람보다 부를 가진 사람이 열 배, 아니 백 배 정도 살기 좋은 세상인 듯하다.

그런데 왜 부자보다 가난한 사람이 압도적으로 많을까? 그것은 대부분의 사람들에게는 부자가 되고자 하는 의지와 결단이 없기 때문이다. 그리고 이보다 더 중요한 이유는 많은 이들이 부자가 되는 방법, 즉 부자로 만들어주는 것이 무엇인지를 제대로 알지 못하기 때문이다. 그래서 그런 차이가 생기는 것이다.

이기기 위해 게임하는 것과 지지 않기 위해 게임하는 것은 큰 차이가 있듯이, 부자가 되기 위해 사는 사람과 그저 살아가는 사람은 큰 차이가 날 수밖에 없다. 그 차이를 밝혀내는 것이 이 책의 사명이라고 생각한다.

이 세상에는 많은 사람들이 살고 있지만, 그중 대다수가 부자가 되지 못하고 있다. 그렇다면 다시 한번 생각해보자. 부자는 태어나는 것일까, 만들어지는 것일까? 만들어지는 것이라면, 어떤 사람을 부자로 만들어주는 것은 무엇일까? 그런 것이 과연 존재하기는 할까?

이러한 것들에 대해 명백하게 알게 된다면 우리는 모두 부자가 될 수 있지 않을까? 『보도 섀퍼의 돈』(북플러스, 2011)이라는 책을 보면 25세에 직업을 갖고 돈을 벌기 시작하는 독일인 1,000명 가운데 65세에 수십억 원의 재산을 손에 쥐는 사람은 통계에 의하면 0.2퍼센트, 즉 1,000명 가운데 단 2명에 불과하다고 한다.

과연 무엇 때문에 부자가 되는 것이 이토록 어려울까? 그리고 부자들은 어떻게 부를 축적할 수 있었을까?

이러한 질문을 스스로 던져보라. 그리고 많은 책을 읽고, 부자가 되는 이들의 성격과 특성을 파헤치고, 부자가 되는 원리와 이치를 공부해보라. 그렇게 시간을 들여 탐구하고 연구해보면 놀랍게도 한 가지 사실을 알게 된다. 부자는 태어나는 것이 아니라 만들어진다는 사실이다.

부자가 되는 사람은 스스로 부자가 된 것이 아니라 그들을 부자로 거듭날 수 있도록 만들어주는 그 무엇이 있었다. 그리고 그들을 부자가 되게 해준 그 무엇이 바로 이 책의 주제이다. 그들을 부자로 만들어준 것은 부자가 되게 해주는 생각, 부자로 만들어주는 습관, 보이지 않는 부의 법칙과 부의 지혜, 부의 지식, 이 다섯 가지라는 사실을 알아야 한다.

가난한 사람이 평생 날마다 쉬지 않고 아침부터 밤늦게까지 뼈 빠지게 일하는데도 부자가 되지 못하는 이유는, 부에 대한 생각, 습관, 법칙, 지혜, 지식이 부자가 되는 사람들에 비해 결여되어 있고 훨씬 부족하기 때문이다.

이 책은 이러한 다섯 가지 부의 요소들을 통해, 당신이 부자가 되는 법을 깨닫도록 이끌고자 한다. 물론 이 다섯 가지 요소에 대해 안다고 해서 모든 사람이 저절로 부자가 되는 것은 아니다. 이 책을 끝까지 읽는다고 해서 반드시 부자가 되는 것도 아니다. 하지만 부자가 된 사람들은 모두 이 다섯 가지 요소에 대해 최소한 당신보다 더 많은 것을 이미 알고 있는 사람들이다.

이 다섯 가지 요소를 알지 못하는 사람은 부자가 되는 법을 알지 못하는 사람이라고 할 수 있다. 부는 저절로 다가오는 것이 아니다. 이 다섯 가지 요소에 대해 알지 못하고 부의 요소를 갖추지 않은 사람은, 로또에 당첨되어 수십억 원의 돈이 갑자기 생긴다 해도 절대 부자로 살아가지 못한다.

부자가 될 수 있는 요소를 갖추고 있을 때 부자가 될 수 있기 때문이다. 이 책에서 제시하는 부자의 다섯 가지 요소를 알지 못하고 갖추지 못한 사람은, 아무리 로또가 수십 번 당첨된다 해도 몇 년 후에는 다시 가난한 사람으로 전락하고 만다. 부자가 될 수 있는 자격을 갖춘 사람, 즉 부의 비밀을 제대로 알고 있는 자만이 부자가 될 수 있기 때문이다.

그러므로 부자가 되고 싶다면 먼저 당신을 부자로 만들어줄 수 있는 부의 비밀을 알려주는 책을 많이 읽는 것이 중요하다. 이 책도 그중 하나이다. 이 책에서 알려주는 다섯 가지 비밀에 대해 알아야 하고, 그다음에는 그 다섯 가지 비밀이 온전히 자신의 것이 되게 해야 한다.

"부가 찾아올 때는 그동안 어디에 숨었다 이제 오나 할 정도로 빨리 오며 엄청나게 온다."

나폴레온 힐의 말처럼 부는 천천히 오지 않는다. 부의 다섯 가지 요소를 갖춘 사람에게는 엄청나게 빨리 다가온다. 절약해서 부자가 된 사람은 빠져나가려는 돈을 강제로 붙잡고 있는 것일 뿐 진정한 부자라고 할 수 없다. 그런 사람은 부자가 뭔지, 부자의 삶이 어떤 것인지를 한 번도 경험해본 적이 없는 사람이다.

부자가 되는 것은 필요한 요소가 결합될 때 결과물이 나오는 과학과 같다. 그런데 필요한 요소를 갖추지 않은 채, 돈을 벌고 싶은 욕심에 많은 사람들이 투자와 같은 재테크에 현혹당한다.

부자가 되게 해주는 부의 비밀을 알면 당신도 부자가 될 수 있다. 이 비밀을 아는 자에게는 부가 자연스럽게 흘러들어온다. 그리고 흘러들어온 부는 절대로 다시 나가지 않는다. 일시적으로 가난해지더라도, 그것은 말 그대로 일시적인 현상이다. 대학에서 익힌 지식과 생각은 삶의 질을 높여주지만, 가짜 졸업장에는 그런 힘이 없다. 이처럼 가짜 부는 그 어떤 삶의 변화도 이끌어내지 못한다. 하지만 진정한 부는 삶의 질을 높여준다.

이 책을 끝까지 읽는다면, 당신은 부자가 될 확률이 이전보다는 훨씬 더 높아질 것이다.

차 례

5부
부자로 만드는 '부의 지식'의 비밀

이 새로운 시대에 부유함과 자본의 진정한 원천은 물질적인 것이 아니다. 인간의 마음, 인간의 정신, 인간의 상상력, 그리고 미래에 대한 인간의 믿음이다.

_스티브 포브스

모든 부는 본질을 어디에 두든지 마음가짐에서부터 시작된다. 마음가짐이란 사람이 완전히 통제할 수 있는 유일한 대상이라는 점을 유념하도록 하자. 조물주가 사람에게 생각하는 능력과 그것을 어떤 형태로 드러내는 특권을 부여한 것 외에 다른 컨트롤 능력을 허락하지 않았다는 사실은 매우 의미심장하다.

_나폴레온 힐, 『생각하라! 그러면 부자가 되리라』(국일미디어, 2018) 중에서

부자가 되겠다고 선언하면 당신은 부를 끌어당기게 된다.

_마크 빅터 한센(『영혼을 위한 닭고기 수프』 저자)

1부

부자로 만드는 '부의 생각'의 비밀

부는 당신의 생각에서 시작된다

"부자를 만드는 것은 통장 잔고가 아니라 생각의 차이다."

『온! 리치』(웅진윙스, 2010)의 저자 폴 매케나가 한 말처럼, 부자가 되는 사람과 가난하게 사는 사람을 가르는 결정적인 차이는 통장 잔고가 아니라 그들의 생각이다. 지금 당신이 가난하다면 그 이유는 당신의 생각이 가난하기 때문이다. 다시 말해, 당신이 가난하게 살고 있는 데 가장 크게 기여한 것은 당신의 무능이나 무지가 아니다. 그것은 바로 당신이 무심코 하는 수많은 생각들이다.

태어날 때는 가난하게 태어났지만 부유한 생각을 함으로써 부자가 된 사람들이 적지 않다. 그리고 이와 정반대인 경우도 비일비재하다. 비슷한 환경, 비슷한 능력을 갖고 있는 수많은 사람들 중에서 어떤 이는 고급 차를 타고 다니며 풍요로운 생활을 하고 품격 있게 살아간다. 돈이 있어야 매너를 지킬 수 있는 여유가 있고 품격도 생기기 때문이다. 하지만 비슷한 환경에 비슷한 능력을 가진 어떤 이는 자동차를 굴릴 돈도 없고, 월말이 오면 월세 낼 돈이 없는 가난한 삶에 허덕인다. 여기서 중요한 사실은, 그 차이를 만드는 것은 능력의 차이가 아니라 생각의 차이라는 점이다.

부자를 만든 부유함의 열쇠는 부유한 사고라고 폴 매케나는 말한다. 한마디로 모든 부유함은 정신에서 창조된다고 강조한다. 진정한 부유함은 가능성에 따라 자기만의 방식으로 인생을 사는 것이라고 말한다. 부유한 사고를 하는 사람과 가난한 사고를 하는 사람은, 자신의 사고방식에 따라 부유해지기도 하고 가난해지기도 한다는 것이다.

"'부유한 사고를 하는 사람들'은 그들의 현재 은행 잔고와 상관없이 부자가 된다. 항상 가능성을 모색하고 그들만의 방식으로 인생을 살아가기 때문이다. 비록 그들에게 일시적으로 현찰이 부족하더라도 그런 상황은 오래가지 않는다. 그들은 어떻게든 인생에서 진정 원하는 일을 찾아내는 듯하다.

반면 '가난한 사고를 하는 사람들'은 큰 집에 살고 비싼 옷을 입을지 몰라도 머릿속은 항상 미래에 대한 두려움과 주변 사람들에 대한 불신으로 가득하다. 그들은 자신의 돈이 모두 사라져도 괜찮다는 것을 모르기 때문에 갖고 있는 것을 지키거나 더 많이 빼앗기 위해 끊임없이 노력할 수밖에 없다."(폴 매케나, 『온! 리치』)

바로 이런 이유에서 우리는 부자처럼 생각하는 것이 부자가 되어 평생 살아갈 것인지 아니면 가난하게 살아갈 것인지를 결판 짓는다는 점에서 매우 중요하다는 사실을 명심해야 한다.

부자처럼 생각한다는 것은 부자의 사고방식대로 생각한다는 것이다. 가난한 사람들은 언제나 돈을 버는 것은 '제로섬zero-sum 게임'이라고 여기기 때문에 남의 것을 빼앗아야 한다고 생각한다. 그래서 그들에게는 돈을 번다는 것 자체가 그토록 힘든 것이다. 그들은 돈을 아껴야만 모을 수 있다고 생각하며, 돈을 잃을까봐 언제나 노심초사하고, 구두쇠가 되거나 인색한 사람이 되기 십상이다. 하지만 부유한 생각을 하는 사람들은 그와 생각이 다르다. 그리고 그렇게 다른 생각을 하기에 부자가 된다.

부유한 생각을 하는 사람들은 돈 버는 비결을 알고 있기 때문에 필요한 만큼 돈을 더 많이 벌 수 있다고 생각한다. 그리고 부를 얻는 것은 제로섬 게임이 아니라 자신의 노력에 따라 많은 돈을 버는 것이며, 이 사회에 부의 총합이 더 늘어나게 해서 더욱 부유한 사회를 만드는 '포지티브섬positive-sum 게임'이라고 생각한다. 그래서 돈을 무한하게 벌 수 있다고 생각하며, 게임을 하는 사람이 많을수록 여럿이 가질 수 있는 돈이 그만큼 많아진다고 생각한다. 그뿐 아니라 자신은 넘치도록 많은 돈을 벌 자격이 충분히 있다는, 높은 자긍심을 품고 있다.

모든 부는 우리 마음에서 비롯된다고 가장 먼저 말한 자기계발 작가는 나폴레온 힐일 것이다. 그는 『생각하라! 그러면 부자가 되리라』(국일미디어, 2018)라는 책에서 다음과 같이 말했다.

"모든 '부'는 본질을 어디에 두든지 마음가짐에서부터 시작된다. 마음가짐이란 사람이 완전히 통제할 수 있는 유일한 대상이라는 점을 유념하도록 하자. 조물주가 사람에게 생각하는 능력과 그것을 어떤 형태로 드러내는 특권을 부여한 것 외에 다른 컨트롤 능력을 허락하지 않았다는 사실은 매우 의미심장하다.

마음가짐은 전자석電磁石과 같아서 한 사람을 지배하고 있는 생각이나 목표, 의도의 결실을 끌어당긴다. 예를 들어 공포와 불안, 의심이 마음을 지배하고 있다면 그 결과를 끌어당긴다."

그래서 이 책에서는 좋은 직장을 얻어서 혹은 열심히 일을 해서 부자가 되라고 주장하지 않는다. 사실 아무리 좋은 직장에 다닌다 하더라도, 아무리 열심히 일을 한다 하더라도 그렇게 해서 부자가 되는 사람은 극히 드물다. 부자가 되기 위해서는 열심히 일을 해야 하는 것이 아니라 열심히 생각할 필요가 있다.

돈이 돈을 번다는 말도 맞지만, 생각이 돈을 번다는 말이 더 맞고 더 정확하다. 당신을 부자로 만들어주는 가장 큰 요소는 남과 다르게 생각할 줄 아는 것이다. 다른 사람들이 하는 대로 하면 결국 그들만큼만 부자가 될 수 있다. 하지만 다른 사람들이 전혀 생각지도 못한 혁신적인 생각이나 기발한 아이디어를 생각해내면 엄청난 부자가 될 수 있다.

부자와 빈자의 기본적인 차이, 즉 그들을 가르는 결정적이고 본질적인 차이는 통장 잔고나 능력, 학식, 실력이 아니라 '생각하는 방식'과 '생각'의 차이다. 부자의 생각은 도전적이고 창조적이며, 통합적이고 다각적이며 유연하다. 하지만 빈자의 생각은 수동적이고 고정적이고 답습적이며 획일적이다. 그래서 어떤 문제에도 좋은 해결책을 제시하지 못하고 문제에 쉽게 매몰되어버린다. 그에 반해 부자들은 언제나 문제보다 유연하다. 그래서 문제가 끊임없이 이어지지만 문제에 매몰되지 않는다. 보란듯이 문제를 하나씩 해결해나가면서 관리한다.

'빈익빈 부익부貧益貧 富益富'라는 말이 있다. 이 말은 실제로 우리 삶에서 그대로 실현되고 있다. 부자들과 빈자들의 사고방식이 본질적으로 다르기 때문이다. 부자들은 모험을 즐기고 실패를 두려워하지 않는다. 하지만 빈자들은 안정을 선호하며 실패를 두려워한다. 이러한 생각의 차이는 생각으로 끝나지 않는다. 눈에 보이지 않는 사소한 생각의 차이로 인해 인생이 크게 달라지므로 결코 무시할 수 없는 부와 성공의 요인이다.

부자가 되기 위해서는 어제까지 했던 생각을 버려야 한다. 어제까지 가난하게 살게 한 것은 어제까지의 생각이다. 그리고 오늘부터 부자로 살게 된다면 그것을 가능하게 해준 것은 새로운 생각이다. 종전의 생각을 그대로 유지하면서 현재의 가난과 중대한 재정 위기를 해결할 수는 없다. 가난도 부도 생각에서부터 비롯되기 때문이다. 아무리 능력이 출중하다 해도 가난을 향해 가는 식의 생각만 한다면 그 사람은 결코 부자가 될 수 없다. 반면 능력이 평범하다 해도 생각이 부를 향한다면 그 사람은 점점 부자가 될 것이다.

『나의 백만장자 아저씨』(경영정신, 2007)라는 책에서는, 부자가 되겠다고 결심하는 순간 부자가 될 수 있다고 말한다. 이 책의 교훈대로 우리는 부자가 되겠다고 결심하는 그 순간부터 인생이 바뀌게 된다. 모든 성공한 사람과 마찬가지로 부자가 된 사람들은 모두 부자가 되겠다고 결심했고, 그 순간부터 인생이 서서히 바뀌기 시작했다.

나 역시 이와 다르지 않다. 나는 40대가 되기 전에는 부자가 되거나 멋진 집에서 살면서 좋은 차를 타고 다니는 것을 막연히 동경하기만 했지, 정작 내가 그런 사람이 되겠다는 결심을 해본 적이 한 번도 없었다. 어느 날 그 사실을 깨닫고 매우 충격을 받았다.

40년 이상을 살아오면서 '나는 꼭 부자가 될 거야' '나는 반드시 부자가 되고 말 거야' '나는 부자가 될 자격이 충분해' '나 같은 사람은 반드시 부자가 될 수 있어' '어떤 일이 있어도 나는 부자가 될 거야'와 같은 생각을 단 한 번도 하지 않았던 것이다.

중고등학교 때에는 좋은 대학에 들어가고, 좋은 성적을 내고, 좋은 친구를 사귀겠다는 결심을 많이 했다. 그런데 부자가 되겠다는 결심은 한 번도 한 적이 없었다. 대학교에 다닐 때에도 별반 다르지 않았다. 좋은 성적으로 졸업하거나 좋은 회사에 취직하거나 이성 친구를 사귀겠다는 등의 결심은 많이 했지만 부자가 되겠다는 결심은 해본 적이 없었다.

이러한 상황은 직장을 다니는 11년 동안에도 비슷했다. 열심히 업무를 보고 나름대로 역량을 발휘해서 포상금을 타기도 했다. 그때 결심했던 것들은, 회사일을 잘해서 승진을 하겠다는 것과 좋은 여자를 만나서 결혼을 하겠다는 것 등이 대부분이었다.

결국 나는 회사를 그만둘 때까지 단 한 번도 부자가 되겠다는 결단을 확고하게 내려본 적이 없었던 것이다. 내가 가난하게 살았던 이유, 부자가 되지 못했던 이유는 바로 이것이었다는 사실을 이제 알게 되었다.

회사를 그만두고 3년 동안 다양한 책을 읽으며 의식과 사고의 폭이 넓어지고 도약하면서 과거와는 전혀 다른 생각을 할 수 있게 되었다. 그러한 생각들 중 하나가 '부자가 되겠다' '나도 부자가 될 수 있다'는 생각이었다.

과거 10년 동안보다 최근 3년 동안의 경제 상황은 비교도 할 수 없을 정도로 좋지 않지만, 그런 생각을 비로소 할 수 있게 되었다는 것은 책이 사람을 성장시키고 바꾸어놓는다는 것을 보여주는 사례이다.

나는 지금 급속도로 부자가 되어가고 있다. 그리고 그 변화는 외부에서부터 비롯된 것이 아니라 나의 내면에서부터 비롯되었다. 이 점은 시사하는 바가 매우 크다. 과거 20년 동안 열심히 공부하고 일했고, 성실하고 근면하게 사회생활을 했다. 하지만 내가 부자라고는 한 번도 생각하지 못했다. 그리고 부자가 되겠다는 생각도 하지 못했다.

그러다 좋은 직장을 내팽개치고 백수가 되었다. 그런데 이제는 서서히 부자가 되어가고 있다. 통장 잔고가 얼마인지가 중요한 것이 아니라, 내 생각 속에서 부에 대한 의식이 점점 더 강해지고 확실해지고 명확해진다는 것이 중요하다. 부에 대한 의식은 갈수록 강렬하고 또렷하고 명확하다. 지금까지 살아오면서 무엇인가에 대해 이처럼 강렬하고 또렷하고 명확하게 의식해보지 못했기 때문에 다소 놀랍고 당황스럽기까지 하다. 하지만 이것이 부자가 되는 첫 단계라고 확실하게 말할 수 있다. 나에게 부가 서서히 몰려들고 있다는 것을 직감적으로 느낄 수 있기 때문이다.

실제로 좋은 직장에 10년 이상 다니며 열심히 일해서 벌었던 것과는 차원이 다른 방식과 내용으로 돈을 벌게 되었다. 그전에는 직장 상사나 직장이 내게 일을 시켰고, 그 일을 하면 노동의 대가로 돈을 벌었다. 하지만 지금은 나 스스로 이 세상에 없던

책들을 창조해낸다. 그 창조의 대가로 돈을 번다.

돈을 버는 것이 끝이 아니라 타인에게 감동과 교훈을 주고 용기를 준다. 이 세상에 없던 가치를 창출하여 제공하게 된 것이다. 결국 지금 버는 돈은 가치 창출에 대한 보상이다. 지금은 100퍼센트 내 생각, 즉 나의 머릿속에서 나온 것으로 돈을 벌고 있다. 내 생각이 책이 되고, 책이 돈을 벌게 해주는 것이다.

근대 경제학의 창시자인 애덤 스미스는 『국부론』에서 부의 원천은 노동에 있고, 부의 증진은 노동생산력의 개선에 있다고 설파했다. 하지만 이 말은 이제 완전히 틀린 말이다. 노동을 통해 부를 창출한 부자는 거의 찾아보기 힘들기 때문이다. 부자들은 모두 자신의 분야에서 열심히 일해서 부자가 된 것이 아니라 열심히 생각을 해서 부자가 되었다.

직장 생활을 할 때는 생각이 아닌 노동으로 돈을 벌었다. 출근 시간이 되면 기계적으로 출근을 하고 시키는 일을 해서 월급을 받았다. 창조적인 생각, 부에 대한 의식이 없어도 월급을 받을 수 있다. 이때 번 돈과 지금 버는 돈이 그 내용과 질에 있어 완전히 다르다고 하는 것은 바로 이 때문이다.

나는 직장 생활이 아니라 머리를 사용하는 지금의 생활에서 참된 부를 창출하고 있다고 생각한다. 결국 노동의 양은 일한 시간의 양이며, 회사에서 일한 시간만큼 돈을 받는 것은 생각한 대가로 받는 돈과는 차원이 다를 수밖에 없다. 지금 부자들은 일한 시간, 노동의 양에 비례해 돈을 받아서 부자가 된 것이 아니다. 그들은 생각한 대가로, 그것도 생각의 수준에 비례해 부를 창출하여 얻은 것이다.

그러므로 부는 우리의 마음과 의식에서 비롯된다는 말은 틀린 말이 아니다. 내면에서부터 부에 대한 생각과 의식이 없다면 아무리 열심히 일해도 부자가 될 수 없다. 그것은 돈을 많이 버는 것과 부자가 되는 것은 다르기 때문이며, 수입이 많다고 해서 그 사람이 부자라는 의미는 아니기 때문이기도 하다.

참된 부자는 돈과 함께 부자의 의식을 갖고 있다. 그것을 처음으로 갖게 된 사람은 부자 모드라는 스위치를 켠 것과 같다. 거실에 형광등을 켤 수 있는 스위치가 어디에 있는지, 그것을 켜는 방법이 스위치를 누르는 것인지, 이러한 것을 알지 못하는 사람은 절대 형광등을 켤 수 없듯이, 부자가 되는 스위치가 우리 마음과 의식에 존재하고 있다는 사실과 거기서 부가 비롯된다는 사실을 모르는 사람은 절대 부자가 될 수 없다.

우리가 명심해야 할 한 가지 사실은 '모든 부는 마음과 의식에서 비롯된다'는 것이다. 사람은 감정에 따라 움직인다. 감정은 뇌에 따라 움직인다. 뇌는 우리 생각과 의식에 따라 움직인다. 그렇기 때문에 우리 마음과 의식이 시작점인 것이다.

평범한 쇠붙이는 작은 못 하나조차 끌어당기거나 들어올리지 못한다. 하지만 그 평범한 쇠붙이에 자기장을 걸어 자성을 띠게 하면 자기 무게의 약 12배나 되는 물건도 끌어당기고 들어올릴 수 있다. 우리 마음과 의식도 이와 같다. 부에 대한 의식을 형성하는 순간부터 우리는 부를 끌어당기게 된다.

인류 역사를 뒤바꾼 것은 바로 생각들이었다. 그리고 인간의 미래를 바꾼 것 역시 생각들이었다. 그런 점에서 생각은 우리를 이끌고 가는 선구자이다. 자유주의, 사회주의, 공산주의, 민족주의, 파시즘, 유가 사상, 도가 사상, 법가 사상, 종교 사상, 동학사상, 실학사상 등 무수히 많은 생각들이 당시 사회와 민중을 이끌어나갔고 행동하게 만들었다.

자본주의나 공산주의는 그것을 주로 생각하고 그 생각에 사로잡힌 자들의 사회에서 내용과 질을 형성하고 창조했다. 민주주의와 공산주의도 마찬가지다. 우리는 우리가 하는 생각의 수준에서 벗어날 수 없다. 가난과 궁핍에 대한 의식만 갖고 있다면 항상 가난하게 살면서 일상의 문제들을 해결하기 위해 아등바등해야 한다. 하지만 부와 풍요와 더 큰 삶에 대한 의식을 갖고 있다면 부를 획득할 수 있으며 더 나은 삶을 살게 된다. 그것이 생각과 의식이 지닌 놀라운 힘이다.

인간은 아주 약한 신체적 구조를 가진, 연약한 존재이다. 그리고 그 존재를 죽이는 데는 아주 작은 것으로도 충분하다. 하지만 인간이 위대한 단 한 가지 이유는 생각할 수 있는 존재라는 것이다. 생각하는 힘은 우리가 지닌 능력 중에서 가장 위대한 힘의 근원이다.

자본주의도 누군가의 생각에서 비롯되었고, 그것이 여러 사람에게 전해지면서 결국 그 생각은 세계를 이끄는 한 모습이 되어 현실이 된 것이다. 이처럼 우리가 생각하는 것은 결국 현실이 된다. 그러므로 우리는 부를 생각하고, 부에 대한 의식을 충만하게 가져야 한다. 그것이 부자가 되는 첫번째 단계이다.

『부자 선언』(예문, 2010)의 저자 팻 메시티는 다음과 같이 말했다. “꿈을 찾아라. 그리고 그 꿈을 이루기 위해 노력하라. 부와 풍요에 대한 올바른 사고방식만 갖춘다면 꿈을 실현할 수 있을 것이다.”

그의 말대로 부와 풍요에 대해 올바른 사고방식을 갖추기만 한다면 부자가 될 수 있다. 하지만 조심해야 할 것도 있다. 부에 대한 편협하고 잘못된 사고방식이다. 돈의 노예가 될 수밖에 없는 잘못된 사고방식을 가지고 있으면, 그 사고방식 때문에 더 가난하고 인색하게 살아갈 수밖에 없기 때문이다. 우리가 조심해야 할, 부에 대한 가장 잘못된 사고 중 하나는 ‘돈이면 뭐든 다 할 수 있다’는 황금만능주의이다.

이러한 잘못된 사고방식은 우리를 돈의 노예가 되게 하고, 돈을 제대로 벌 수도 사용할 수도 없게 한다. 또 설사 부자가 되었다 해도 진정한 부자가 될 수 없게 하고, 돈을 많이 번다 해도 그 때문에 삶이 더 나아지거나 더 행복해지지 않게 한다.

"금전만능은 동시에 금전 무능이다."

푸시킨의 이 말은 돈이 세상의 전부이거나 인생의 전부가 아님을 깨닫게 해준다. 부자가 되게 해주는 힘은 우리의 생각이지 결코 돈이 아니라는 것, 즉 돈은 지금까지 그 어떤 사람도 부자로 만들어준 적이 없다는 사실을 확실히 인식해야 한다. 돈에 대해 대범하고 올바른 생각과 사고방식을 갖고 있지 않으면, 돈을 벌 수도 쓸 수도 없다.

돈은 무엇인가를 할 수 있게 해주는 힘이나 원동력이 아니라 우리가 무엇인가를 새롭게 생각하고 의식했을 때 그것의 결과물로 우리에게 제공되는 '결과물' 혹은 '보상물'이다. 돈은 당신 생각의 결과물이지, 당신을 직접적으로 부자로 만들어주지는 않는다. 하지만 가난한 사람들은 부에 대한 생각과 의식이 부족하기 때문에 돈 자체가 우리를 부자로 만들어준다고 생각하고, 그렇게 의식하기 때문에 돈에 집착한다. 돈이 우리를 부자로 만들어줄 것이라고 잘못 생각하기 때문에 돈을 벌지 못하며, 돈을 마음대로 사용하지도 못하고, 돈의 노예가 되고 돈에 벌벌 떠는 것이다.

생각이 모든 것의 시작점이며 우리는 결국 생각을 닮아가게 되어 있는 존재라는 사실을, 성공학의 아버지 제임스 앨런은 『위대한 생각의 힘』(문예출판사, 2005)이라는 책을 통해 다음과 같이 설명한다. 이 책은 이제 고전이 된, 출간된 지 이미 100년 이상이 된 책이다.

"사람을 성공시키거나 파멸시키는 것은 다름 아닌 그 자신이다. 생각이라는 무기고에서 우울함과 무기력과 불화 같은 무기를 만들어 자신을 파멸시킬 수도 있고 환희와 활력과 평화가 넘치는 천국 같은 집을 지을 도구를 만들 수도 있다. 올바른 생각을 선택하여 진실로 행함으로써 인간은 신과 같은 완벽한 경지에 오를 수 있다. 반대로 함부로 하거나 악용하면 짐승 이하의 존재로 전락하고 만다. 이 양극단 사이에 온갖 등급의 인격이 있으며 인격을 창조하고 소유하는 것은 바로 자신이다."

우리는 생각을 통해 인격을 창조하고 소유할 수 있을 뿐만 아니라 부를 창조하고 소유할 수도 있다. 그렇기에 부는 생각의 산물이자 반영이며, 우리 인생 역시 우리 생각의 결과물이다. 즉 생각이 운명을 결정한다.

"부는 당신의 생각에서 비롯되지만, 중요한 것은 생각의 수준이다."

이 말을 명심해야 한다. 부는 우리 생각에서 비롯되는 것은 맞지만, 우리로 하여금 정작 부자가 되게 해주는 생각은 어제 우리가 했던 사고 수준과 동일한 수준의 생각이 아니라 어제와 다른 높은 수준의 생각이다. 이 사실을 수많은 사람들이 간과하고 있다.

나폴레온 힐은 세계적인 부자였던 철강왕 카네기로부터 부자가 되는 비결에 대해 연구하여 세상 사람들에게 그 비결을 전해달라는 부탁을 받았다. 그는 에디슨을 비롯해 수많은 부자들을 연구하여 부자가 되기 위해 가장 중요한 조건을 발견했고, 그 결과를 한 권의 책으로 남겼다. 그 책이 바로 자기계발서의 고전이라 할 수 있는 『생각하라! 그러면 부자가 되리라』(국일미디어, 2001)라는 책이다.

이 책을 통해 그가 주장하는, 부자의 가장 중요한 비결은 바로 '부자는 부자들만의 생각을 한다는 것'이었다. 이 말은 절대적으로 옳은 말이다. 하지만 우리는 이 말을 통해 스스로 큰 맹점에 빠져들 수 있음을 알아야 한다. 그 맹점이란, 어제와 같은 수준의 생각을 한다면 아무리 생각을 한다 해도 어제와 별반 다를 바 없는 삶을 살아갈 뿐이라는 것이다.

『돈 한 푼 없이 부자로 사는 법』(뉴스앤조이, 2008)을 쓴 필 컬러웨이는 희극 배우 릴리 톰린의 말을 통해, 어제와 같은 수준으로 생각해서는 인생이 절대로 바뀌지 않는다는 사실을 우회적으로 소개한다.

"쥐들의 경쟁에 참가하는 데에 있어서 문제는 비록 당신이 승리를 한다고 하더라도 당신은 여전히 한 마리의 쥐일 뿐이다."

사고와 의식의 수준이 향상되어 생각의 수준이 달라져야 그 생각이 우리의 삶을 바꾸고, 우리를 부자가 되게 해줄 수 있다는 사실을 명심해야 한다. 20세기 최고의 과학자인 아인슈타인은 "문제를 발생시킨 당시의 사고 수준으로는 그 문제를 해결할 수 없다"고 말했다. 나는 이 말이 절대적으로 옳다고 생각한다.

우리가 당면한 문제를 해결하기 위해서는 반드시 그 문제를 야기했을 때의 사고 수준보다 훨씬 더 높은 사고 수준을 갖추어야 한다. 오랫동안 가난에서 벗어나지 못했거나 실패만 거듭하는 사람은, 아무리 생각을 바꾸고 또 바꾸어도 가난에서 벗어날 수 있게 해주는 생각이 아니라 다람쥐 쳇바퀴 돌듯 가난이라는 그 자리만을 맴돌게 하는 생각만 한다는 것이다.

바로 이런 이유에서, 가난에서 벗어나 부를 창출할 수 있는 생각, 차원이 높은 생각을 해야 한다. 차원이 다른 생각이 결국 당신을 부자가 되게 해주는 부자들의 생각인 것이다. 부자가 되기 위해서는 부자들처럼 생각하고 행동해야 한다. 그런데 부자들이 하는 생각은 일반 사람들의 생각과는 그 수준과 차원이 다르다. 이 책은 바로 그러한 차이를 다루고 있으며, 그 차이를 넘어서게 해주고자 한다.

부자들은 부의 초기 온도가 높다

"생각이 부유하면 인생도 부유해지고, 생각이 가난하면 인생도 가난에 찌들게 된다."

내가 좋아하는 문장이다. 우리 인생은 결국 생각의 정도, 사고의 깊이, 의식의 수준에 달려 있다. 생각이 높은 수준에 설정되어 있으면 인생도 그렇게 흘러갈 수밖에 없다. 하지만 우리가 보잘것없고 수준 낮은 것들만을 생각하면 인생도 그렇게 될 수밖에 없다.

그와 마찬가지로 생각의 토대가 되는 의식이 높은 수준의 부에 설정되어 있으면 인생도 부유해진다. 부자가 된다는 말이다. 하지만 생각과 의식이 아주 낮은 부의 수준에 설정되어 있다면 그 이상으로 나아갈 수 없다. 그래서 부에 대한 생각, 즉 부에 대한 초기의 온도 설정값이 중요한 것이다.

"물이 깊지 않으면 큰 배를 띄울 수 없고, 바람이 세지 않으면 큰 날개를 띄우지 못한다."

『장자』의 '소요유逍遙游' 편에 나오는 말이다. 이 말처럼 큰 배를 띄우기 위해서는 물이 깊어야 하고, 큰 날개를 띄우기 위해서는 바람이 세야 한다. 이는 부자가 되는 원리에도 그대로 적용된다. 큰 부자가 되기 위해서는 부의 초기 온도를 높여야 한다. 그러기 위해서는 생각을 크게 해야 한다.

크게 생각하는 사람이 큰 인생을 살아갈 수 있다는 사실은 부의 측면에서도 그대로 적용되는 진리이다. 크게 생각하는 사람은 돈에 인색하지 않으며, 쓸 때는 쓰고 나눌 때는 나눈다. 그런 사람은 자신이 벌고자 하는 돈의 액수가 보통 사람들보다 크다. 그 결과 그런 사람들이 큰 부자가 되는 것이다.

가난한 가정에서 태어난 사람이 가난하게 살게 될 확률이 높은 이유가 이것이다. 그리고 부유한 가정에서 태어난 사람이 또다시 부유하게 살게 될 가능성이 높은 이유 또한 이것이다. 살면서 경험한 부유함이나 가난함이 부의 초기 온도가 되기 때문이다.

100억 원을 만져본 사람이 또다시 100억 원을 버는 것이 쉬울까, 1억도 벌어보지 못한 사람이 100억을 버는 것이 쉬울까? 당연히 100억을 벌어본 사람이 또다시 100억을 버는 것이 쉽다. 인간은 자신의 경험과 그로 인한 생각의 산물이기 때문이다. 부의 초기 온도를 높게 설정할 수 없는 환경에서 살고 있다면, 간접 경험을 통해서라도 부의 초기 온도를 높여야 하는 이유이다.

평범한 가정에서 태어난 사람은 엄청난 부와 풍요로움을 경험하기가 쉽지 않다. 그러므로 책을 많이 읽어야 한다. 다양한 책을 통해 수많은 억만장자를 만날 수 있고, 그들의 삶을 간접경험할 수 있다. 그렇게 간접경험을 폭넓게 하면 사고가 확장된다. 한마디로 엄청난 부자가 되는 것에 대해 생생하고 구체적으로 상상하고 생각할 수 있다는 것이다. 그 결과 우리 삶은 그 생각대로 나아가게 된다.

부자가 되어봐야 큰 부자가 되기가 더 쉬운 법이다. 가난한 사람은 평생 가난하게 살았기 때문에 가난과 관련된 것들이 머릿속에 꽉 차 있다. 그 결과 실제로 가난과 관련된 삶을 살아가게 된다. 지금 현실이 가난하다 해도 새로운 생각으로 부의 초기 온도를 높인다면 우리 삶은 곧 부유해질 수 있다.

도널드 트럼프의 사례는 이러한 사실을 잘 설명해준다. 미국 최고의 부동산 재벌인 그는 한때 10억 달러가 넘는 빚을 진 적이 있었다. 세계에서 가장 가난한 사람이 되었던 것이다. 10억 달러는 지금 환율로 환산하면 한국 돈으로 1조 1,335억 원 정도 된다. 대부분의 서민들이 평생 뼈 빠지게 일해도 이 돈의 100분의 1인 100억을 벌기도 어렵다. 하지만 도널드 트럼프는 1조 원 이상 빚을 졌던 것이다. 이 순간을 두고 그는 저서 『트럼프의 부자 되는 법』(김영사, 2004)이라는 책에서 다음과 같이 설명했다.

"나는 최악의 순간을 결코 잊지 못할 것이다. 새벽 3시, 시티은행에서 트럼프 타워의 우리집으로 전화를 걸어왔다. 그들은 내게 곧바로 사무실로 나와 몇몇 외국 은행과 새로운 계약 조건을 협의해달라고 했다. 내게 돈을 빌려준 99개 은행 중 3개였다.

은행에 이자를 낼 수 없다고 말하는 것은 몹시 거북스러운 일이다. 그들은 이런 말을 좋아하지 않는다. 시티은행의 한 지인이 이 사태를 해결하는 최선의 방책은 내가 은행들에 직접 전화를 걸어 이야기를 해보는 것이라고 일러주었다. 그들은 내가 그 추운 1월의 새벽 3시, 몸을 얼어붙게 하는 빗속을 뚫고 와서 바로 그 일을 해주기를 원했다. 택시도 없었다. 나는 열다섯 블록을 걸어 시티은행으로 갔다. 도착하니 영락없이 물에 빠진 생쥐 꼴이었다.

정말 최악의 상황이었다. 큰 탁자에 30명의 은행가가 둘러앉아 있었다. 나는 일본의 한 은행에 전화를 했고, 이어서 오스트레일리아 은행에 전화를 걸었다. 그다음 세번째 은행이 어느 나라 은행이었는지는 기억이 나질 않는다.

『거래의 기술: 트럼프 자서전』에서 나는 독자들에게 어떤 경우에도 개인 보증은 서지 말라고 경고한 바 있다. 그런데, 정작 나 자신은 내 충고를 따르지 못했다. 92억의 빚 중에서 개인 보증 때문에 진 빚이 10억 달러였다. 나는 멍청이였다."

그는 그 순간을 결코 잊지 못할 것이라고 술회한다. 생애 최악의 순간에도 그는 협의를 잘 이끌어내고 새로운 거래를 틀 수 있었다. 그것이 그의 생존 비결이었다. 그러고 나서 얼마 지나지 않아 은행 직원 중 한 명이 돈을 돌려받기 위해 그를 만나러 갔다. 그는 품위를 잃지 않고 돈을 돌려줄 수 있도록 시간을 주고 지원을 해달라고 은행 직원에게 요구했다.

은행이 거금을 돌려받기 위해서는 무엇보다 자신이 정상적인 삶을 영위할 수 있어야 한다는 조건을 내걸었다. 그가 지금까지 살아온 수준을 유지해야 은행에 빚진 거금을 갚고도 남을 돈을 벌 수 있다는 것이다. 그는 결국 그 조건을 관철시켰다. 그래서 그는 1조 원이 넘는 돈을 빚지고 있으면서도 한 달에 수십만 달러에 이르는 '수당'과 자가용 제트기를 온전하게 이용할 수 있었다.

그의 부의 초기 온도 값은 평범한 사람들의 값과는 매우 달랐다. 엄청난 초기 온도 값을 가지고 있었기 때문에 그는 누구보다 빨리 수억 달러의 수익을 다시 창출해낼 수 있었고, 그 결과 다시 어마어마한 갑부가 될 수 있었다. 그가 우리에게 말하는 성공과 부의 비결은 대범하게 생각하라는 것이다.

"거물이 되려면 대범하게 생각하라. 큰 것을 얻기 위해서는 방망이를 크게 휘둘러야 한다."

부자와 가난한 사람의 차이는 통장의 잔고가 아니라 생각의 크기, 즉 부의 초기 온도 설정값에서 비롯된다. 부의 초기 온도 설정값이 100억인 사람은 80억을 번다 해도 흥청망청 써버리지 않는다. 그래서 결국 100억 이상을 지닌 갑부가 되는 것이다. 하지만 부의 초기 온도 설정값이 겨우 5억인 사람은 수중에 80억이 들어오면 정신을 차리지 못하고 흥청망청 써버리고 만다. 물론 자신이 흥청망청 써버리고 있다는 사실도 자각하지 못한다는 것이 더 큰 문제이다. 왜냐하면 부의 초기 온도 값이 5억인 사람에게 80억이라는 돈은 너무나 큰돈이기 때문에 여러 가지 사업을 벌여놓고 망한다 해도 결코 문제가 되지 않을 것이고, 여기저기에 돈을 한 뭉치씩 건네준다 해도 결코 없어지지 않을 액수라고 인식하기 때문이다.

하지만 "가랑비에 옷 젖는 줄 모른다"는 말이 있듯이 돈은 언젠가 바닥나게 되어 있다. 그래서 복권에 당첨된 사람들이 몇 년 안에 그 많은 돈을 다 잃고 결국 그전보다 경제적으로 상황이 더 나빠지는 경우가 흔한 것이다.

만약 부의 초기 온도 값이 100억인 사람이라면 로또에 당첨되어 10억이나 20억을 받는다 해도 자신의 일상은 변함이 없을 뿐만 아니라 더욱더 열심히 자신의 길을 갈 것이다. 결국 이런 사람들은 돈을 지킬 뿐만 아니라 더 불릴 수 있는 사람들이다.

그렇다면 당신의 부의 초기 온도 값은 어느 정도일까? 그것을 쉽게 알 수 있는 방법이 있다. 바로 평소 지갑에 얼마 정도의 현금을 가지고 있느냐 하는 것이다. 보통 가난한 사람들 혹은 서민들은 10만 원 안팎의 돈을 가지고 다닌다. 그보다 더 적게 갖고 다니는 사람이 사실 훨씬 많다. 하지만 부자들은 지갑에 100만 원짜리 수표를 몇 장씩 가지고 다닌다. 큰 부자일수록 그렇다. 그리고 이 액수가 바로 당신의 부의 초기 온도 값이라고 생각하면 된다.

또다른 방법 중 하나는 당신이 분실했을 때 크게 상심할 만한 돈의 액수를 생각해보면 된다. 당신은 얼마 정도의 돈을 잃어버렸을 때 크게 상심할까? 어떤 사람은 30만 원 정도일 것이고, 어떤 사람은 300만 원 정도일 것이다. 물론 천차만별이겠지만 나는 어느 정도 맞아떨어진다고 생각한다.

이 액수가 적은 사람은 통을 키워야 한다. 생각을 키우고, 부의 초기 온도를 높게 잡아야 한다. 지갑에 항상 5만 원도 안 되게 가지고 다녔다면 이제부터 50만 원씩 가지고 다녀보라. 생각이 커지고 행동이 대범해질 것이다.

'실패하면 어쩌지? 돈을 잃으면 어떡하지? 세상이 나를 비웃을지도 몰라!'

이렇게 생각하는 사람은 절대로 부자가 될 수 없고, 인생에서 성공할 수도 없다. 두려움에 사로잡힐 수밖에 없는 소심함 때문이다. 부의 초기 온도를 높이기 위해서는 무엇보다 이러한 소심함, 두려움을 버려야 한다. 이런 사람일수록 부의 초기 온도가 매우 낮다. 나 역시 지난 40년 동안 그랬다. 그런데 직장을 그만 두고 많은 책을 읽으면서 생각과 의식이 지난날과는 서서히 달라지는 것을 느꼈다. 하지만 매일 약간씩 달라지고 있다는 것을 그 당시에는 전혀 깨닫지 못했다.

30~40대 중년들은 자신의 성장을 위해, 그리고 인생을 위해 열심히 공부한다. 하지만 가시적인 효과나 성과가 눈에 보이지 않으면 밑 빠진 독에 물 붓는 격이라고 느끼면서 회의가 들거나 무기력해질 수 있고 포기할 수도 있다. 하지만 중요한 사실은, 물을 가열할 때 역시 99도까지는 절대 끓지 않는다는 점이다.

이처럼 100도가 되기 전에는 의식과 사고의 전환을 깨닫지 못할 가능성이 크다. 그런 점에서 끈기와 인내가 반드시 필요하다. 부의 초기 온도를 높인다는 것은, 눈에 가시적인 성과가 보이지 않는다 해도 자신의 가치와 성장을 믿는다는 것이다. 그러한 자기 신뢰가 없는 사람은 절대로 부의 초기 온도를 높게 설정할 수 없기 때문이다.

그래서 부의 초기 온도를 높게 설정할 수 있는 사람일수록 '실패하면 어떡하지?'가 아니라 '나는 반드시 성공하고 부자가 될 것이다'라는 강한 자신감을 가지고 있다. 부의 초기 온도를 높이기 위해서는 자기 신뢰가 반드시 필요하다.

부자가 되는 것은 보이지 않는 과학이다

"부자가 되는 과학은 실제로 존재한다. 그것은 대수나 연산처럼 정확한 과학이다."

성공과 자기계발 분야의 선구적인 저자인 월러스 워틀스가 『부를 끌어당기는 절대법칙』(북허브, 2010)이라는 책에서 한 말이다. 즉 부자가 되는 특정한 방식이 있기 때문에, 이 방식대로 일하는 사람은 결과적으로 돈을 벌 수 있고 부자가 된다는 것이다. 하지만 이 방식대로 일하지 않는 사람은 아무리 열심히 일해도, 또 아무리 능력이 있어도 가난을 벗어나지 못한다.

과연 그럴까? 우리 주위를 살펴보자. 어떤 사람들은 너무나 성실하고 근면하게 살아간다. 하지만 그들은 늘 가난하다. 반면 어떤 사람들은 상대적으로 별로 열심히 일하는 것 같지 않지만 늘 부유하다. 심지어 똑같은 회사에서 똑같은 일을 하며 능력이나 학식이 엇비슷한 두 사람 중 한 사람은 부자이고 한 사람은 가난하다. 그리고 이 격차는 세월이 갈수록 더 크게 벌어진다.

그렇다면 정말로 돈을 벌 수 있는, 돈을 벌게 되는 특정한 방식이라는 것이 존재한다고 생각해도 되지 않을까? 과학처럼 항상 들어맞는 법칙이 있다면 누구나 그 특별한 방식, 즉 부자가 되는 방식대로 살아가고 일했을 때 부자가 되어야 한다. 그것이 법칙의 본질이기 때문이다.

부자가 되는 것은 환경의 문제가 아니며 근검절약이나 저축의 결과도 아니다. 생각해보라. 환경의 문제라면 비슷한 환경에 있는 사람들은 모두 부자가 되어야 한다. 하지만 현실은 그렇지 않다. 또한 근검절약이나 저축으로 부자가 되는 사람보다는 자유롭게 돈을 쓰면서도 부자가 된 사람이 훨씬 더 많다.

부자가 되는 사람들은 부자가 될 수 있는 특별한 방식으로 일을 하고 살아간다. 그리고 그 특별한 방식의 첫번째 과학은 '부자가 될 수 있다는 확고한 신념을 가지는 것'이다. 한마디로 자신이 부자가 될 가치가 있고 반드시 부자가 될 것이라고 생각해야 한다는 것이다. 두번째 과학은 '부자가 될 수 있는 특별한 방식으로 행동하는 것'이다. 여기에는 그날 할 수 있는 일을 그날 반드시 하는 것과 일을 성공적인 방식으로 해내는 것, 감사하는 것, 목적의식을 잃지 않는 것 등이 포함된다.

주의해야 할 점도 있다. 경쟁 심리를 경계해야 한다는 것과 일의 양이 중요한 것이 아니라는 점이다. 창조적인 사람들은 타인과의 경쟁을 통해 부를 획득하는 것이 아니라 창조적이기 때문에 부를 획득하며, 그러한 부는 사실상 무한하다고 생각해야 한다. 그리고 일을 할 때 무조건 많이 하려 하기보다는 효율적으로 하는 것이 중요하다.

"당신이 하는 일의 양이 중요한 것은 결코 아니다. 중요한 것은 각각의 행동을 얼마나 효율적으로 하느냐이다. 모든 행동은 그 자체로서 성공이나 실패, 둘 중 하나다. 모든 행동은 효율적이거나 비효율적이거나, 둘 중 하나다. 비효율적인 행동은 모두가 실패한 것이다. 만약 비효율적인 행동을 하면서 인생을 보낸다면 당신의 인생 전체가 실패작이 될 것이다. 당신의 모든 행동이 비효율적인 것이라면, 당신이 하는 일이 많으면 많을수록 당신에게 더욱더 해로울 뿐이다. 반면에 효율적인 행동은 모두가 그 자체로서 성공적인 것이다. 당신이 살면서 하는 행동 모두가 효율적인 것이라면 당신의 인생 전체는 틀림없이 성공적인 것이 된다.

실패의 원인은 비효율적인 방법으로 너무 많은 일을 하는 반면, 효율적인 방법으로 충분히 많은 일을 하지 않는 데 있다."(월러스 워틀스, 『부를 끌어당기는 절대법칙』)

부자가 되는 과학은 한마디로 비효율적인 행동을 적게 하고 효율적인 행동을 충분히 많이 하는 것이다. 자신의 일을 할 때 그 분야에서 효율적인 행동을 많이 하기 위해서는 자신에게 맞는 일을 하는 것이 매우 중요하다.

가난한 사람들의 삶은 모두 패턴이 엇비슷하다. 하지만 부자들의 삶은 각양각색이다. 그 이유는, 자신에게 주어진 고유한 재능 혹은 자신에게 주어진 분야에서 자신만의 방식으로 타인을 흉내내지 않고 가장 효율적인 방법을 찾아내는 사람이 부자가 되기 때문이다.

진정한 부자들은 모두 자기만의 부를 쌓은 시스템을 가지고 있다. 어떤 부자는 자신에게 맞는 투자를 통해, 어떤 부자는 자신에게 맞는 공부를 통해, 어떤 부자는 자신에게 맞는 사업을 통해, 어떤 부자는 자신에게 맞는 전문직을 통해 부자가 된다. 하지만 가난한 사람들은 대부분 자신에게 맞는 그러한 시스템을 발견하지도, 개발하지도 못한 사람들이다. 그래서 그들은 가난의 굴레를 벗어나지 못한다.

실패하는 사람은 크게 두 부류로 나눌 수 있다. 첫번째 부류는 남들보다 훨씬 더 적게 일하는 게으른 유형이고, 두번째 부류는 놀랍게도 뭐든 무조건 열심히 하는 유형이다. 첫번째 유형이 실패하게 된다는 것은 누구나 이해할 수 있겠지만, 두번째 유형이 실패하는 것에 대해서는 납득이 안 될 수도 있다. 하지만 무조건 열심히 하는 것만큼 우둔한 것은 없다.

모든 대가나 고수는 자기만의 방식과 자기만의 길을 발견하기 위해 열심히 노력했다. 가장 효율적인 방식을 발견한 이후로는 더욱더 열심히 그 길을 걸어갔다. 이와 달리 실패하는 사람들이나 아마추어들은 자기만의 방식과 자기만의 길을 발견하는 것은 생략한다. 그 결과 자기만의 가장 효율적인 방법을 터득하지 못한 채 그저 열심히 하기만 한다. 이런 사람들은 평생 열심히 뭔가를 해도 수십 년 전과 다를 바가 없다.

부자가 되는 것이 과학이라고 할 수 있는 이유는, 누구든 자신의 길을 발견하고 자기만의 재능을 발견해 그 길에 헌신하고 몰입하면 그 분야에서 최고가 될 수 있고, 그 결과로 부와 명성이 자연스럽게 뒤따르게 되기 때문이다.

자신이 무엇을 가장 잘할 수 있는 사람인지 정확히 분석하고 가장 효율적인 방식을 터득한 사람이 성공하지 못하는 것은 오히려 매우 이상한 일인 것이다. 무조건 열심히 일하기만 하는 사람은 이 두 가지 조건을 모두 충족시키지 못한 것이다. 마치 허공을 향해 주먹질을 하거나 물을 베는 것과 같다.

오스카 와일드는 "성공은 과학이다. 조건을 갖추면 결과를 얻는다"라고 했다. 성공과 부는 동의어이기도 하다. 무엇인가를 이루어낸다는 점에서 최소한 그렇다고 할 수 있다. 부자가 된 사람을 두고 어느 정도 성공을 거두었다고 세상 사람들이 말하는 것도 이와 다르지 않다. 그렇다면 부 역시 과학이다. 부자가 될 수 있는 조건을 갖추면 반드시 부자가 될 수 있다.

부의 원천은 창의적인 상상력이다

"한 나라의 진정한 부의 원천은 그 나라 국민들의 창의적 상상력에 있다."

경제학의 아버지로 불리는 애덤 스미스가 『국부론』에서 한 말이다. 그후 200년이 지나 미래학자 앨빈 토플러는 『부의 미래』에서 "기술적 발전이 한계에 직면할 미래 사회에서 새로운 가치는 상상력에 의해 창출될 것이다"라고 말한다.

200년 동안 최고의 석학들이 부의 원천은 상상력이라고 말해온 셈이다. 다시 말해 상상력이 돈이라는 것이다. 이러한 사실을 가장 잘 보여주는 사례가 사막 도시에 불과했던 두바이이다.

불과 몇십 년 전에는 아무도 두바이를 주목하지 않았다. 하지만 이제 두바이는 세계인이 주목하는 도시가 되었다. 그렇게 만든 것이 바로 상상력이다. 사막에 불과했던 그곳은 아무것도 볼 것이 없고, 자원이나 관광 상품이 될 만한 그 어떤 것도 없었던, 그저 황량한 사막 도시에 불과했다. 그런데 말 그대로 천지개벽이 일어났다.

세계 최고층 빌딩이 생기고 환상적인 인공 섬이 생겼다. 세계 최장 인공운하와 세계 최초 수중 호텔이 만들어졌다. 서울 면적 절반 크기의 세계 최대 테마파크가 지어졌고, 섭씨 40도의 뜨거운 사막 한가운데 스키장이 생겼다. 세계에서 가장 급성장하는 초일류 공항의 한 달 이용객은 이제 500만 명을 돌파하고 있다.

그 황량했던 도시가 이제 볼거리가 차고 넘치고, 즐길 거리가 풍성하고, 관광할 것이 지천에 깔린 세계 최고의 관광도시로 완벽하게 탈바꿈했다. 이렇게 급속도로 성장할 수 있었던 것은 바로 지도자 셰이크 모하메드의 상상력이 있었기 때문이다.

그의 상상력이 없었다면 두바이는 여전히 아무도 찾지 않는 황량한 사막 도시 중 하나에 불과했을 것이다. 상상력은 이처럼 부의 원천이며 부를 창출한다. 알베르트 아인슈타인의 "상상력이 지식보다 중요하다"라는 말은 상상력의 중요성을 그가 이미 알고 있었음을 말해준다.

주 1회 출근으로 연봉 15억을 달성한 일본의 경영 전략가 가와이 요시오는 자신의 저서 『생각혁명』(페이퍼북, 2012)에서, 돈 잘 버는 사람과 돈을 벌지 못하고 손해만 보는 사람의 차이는 노력이나 성실이 아니라 아이디어와 대담한 발상이라고 말한다.

그 예로, 휴대전화를 만드는 사람보다 오히려 부수는 사람들이 돈을 더 잘 번다는 사실을 든다.

예전에는 휴대전화 틀을 가공하는 공장이 많았지만 갈수록 고난이도의 기술과 정밀도를 필요로 하기 때문에 살아남기가 여간 힘들지 않다. 예전과 달리 새로운 기종이 너무 빨리 나오기 때문에 힘들게 틀을 만든다 해도 수익을 남기기가 어렵고, 정밀도나 속도, 질이 높아야만 약간의 수익이라도 올릴 수 있다는 것이다. 반면 휴대전화를 부수는 업체는 돈을 많이 번다고 한다. 'DOWA 홀딩스'라는 회사는 다 쓴 휴대전화를 모아 희소금속rare metal을 추출하는 회사다. 그런데 의외로 이 분야는 빠르게 성장하고 있다고 한다. 원래는 광산에서 철광석을 캐내 철이나 구리 등을 생산하던 회사였는데, 광석에서 희소금속을 추출하는 것보다 휴대전화에서 추출하는 편이 더 간단하고 효율이 높다는 사실을 알게 된 것이다. 여기에는 당연히 아무도 생각지 못한 발상의 전환이 필요하다.

누군가는 고도의 기술을 사용해 일을 해도 돈을 벌지 못하는데, 누군가는 발상의 전환으로 쉽게 돈을 번다. 부자가 되기 위해서는 이처럼 발상의 전환을 할 수 있는 사람이 되어야 한다.

피터 드러커, 톰 피터스와 함께 현대의 사상적 리더로 〈이코노미스트〉지가 선정한 유일한 아시아인인, 세계적인 경영 구루 오마에 겐이치는 "답이 없는 이 시대에 가장 중요한 것은 사고를 멈추지 않는 것"이라고 말했다.

"남보다 2배 생각하는 사람은 10배의 수입을 올릴 수 있다. 3배를 생각하는 사람은 100배의 돈을 벌 수 있다."

그가 『돈 잘 버는 사람은 머리를 어떻게 쓸까』(랜덤하우스코리아, 2005)라는 책에서 한 말이다. 나는 이 말에 백 퍼센트 동감한다. 성공한 사람들과 위대한 부자들은 모두 힘을 쓴 게 아니라 머리를 사용한 이들이기 때문이다. 옛말에도 힘을 쓰는 리더는 삼류 리더이고, 머리를 사용할 줄 아는 리더가 일류 리더라고 했다.

항상 머리로 생각하는 사람들은 아이디어가 늘 샘솟고 상상력이 향상될 수밖에 없다. 문제는, 보통 사람들은 생각하는 것을 싫어하고 귀찮아한다는 것이다. 왜 많은 사람들이 머리를 그저 장식으로 달고 다니려 하는 것일까?

그 이유는, 우리 뇌는 편하고 익숙한 것을 매우 좋아하는 게으른 습성이 있기 때문이다. 그래서 어제 했던 방식, 어제 했던 생각, 어제 갔던 카페, 어제 먹었던 것을 최우선으로 선호하게 되어 있다. 어떻게 보면 뇌는 가장 경제적인 신체 장기이다. 우리 몸의 혈액 중에서 뇌에 공급되어야 하는 혈액과 영양분이 가장 많다. 특히 무엇인가를 생각할 때 뇌가 필요로 하는 혈액과 물과 영양분은 상상을 초월한다.

뇌는 생존과 보존을 위해 가능한 한 가장 적은 노력을 기울여 살아남고자 한다. 그 결과 생각을 가장 적게 할 수 있는 방법을 선호한다. 그래서 누군가가 당신으로 하여금 복잡한 생각을 하게 하면 매우 싫어하는 것이다.

당신이 생각하는 것을 엄청나게 싫어하는 사람 중 한 명이라는 사실을 깨닫고 싶다면, 지금 당장 고등학교 수학 책을 꺼내 아무 페이지나 펴고 열 문제 정도만 풀어보라. 엄청나게 짜증이 나서 수학 책을 집어던질지도 모른다. 수학 문제를 풀 때 우리는 생각을 해야 한다. 그것도 하기 싫은 생각을 해야 한다. 그래서 대부분의 사람들이 수학을 싫어한다.

이 세상은 수학 문제보다 더 복잡하고 풀기 어려운 문제와 같다. 그런데 생각하기 싫어서 그저 살아가기 때문에 가난에서 벗어나지 못한다. 빌 게이츠, 워런 버핏, 조지 소로스, 이건희 등은 인생이라는 어려운 문제를 엄청난 생각을 해서 정답을 맞힌 사람들이라는 점을 명심해야 한다.

세계 최고의 부자들은 모두 생각하기를 좋아하고, 의도적으로 많이 생각하려고 노력한다. 반면 가난한 사람들은 생각을 하지 않기 위해 의도적으로 무조건 열심히 살아가고, 누군가 지시하는 대로 주어진 일만 열심히 한다.

빌 게이츠는 바쁜 업무를 마다하고 1년에 두 차례씩 미국 서북부에 있는 한 별장에 은둔한다. 그렇게 하는 이유는 단 한 가지다. 바로 '의도적으로 생각만 하기' 위해서다. 그 기간을 '생각 주간Think Week'이라고 부른다.

왜 바쁜 대기업 회장이 1년에 두 차례씩 별장에 은둔하여 의도적으로 생각만 하는 것일까? 바로 생각을 통한 상상력이 부의 원천이기 때문이다. 왜 세계 최대의 컴퓨터 제조 업체인 IBM의 모토가 '생각하라THINK'일까? 왜 21세기 최고의 창조적 기업인 애플의 슬로건이 '다르게 생각하라Think Different'일까?

생각을 할수록 상상력이 향상된다. 생각을 통해 높은 차원의 상상력을 얻게 된다. 그리고 그 상상력은 결국 부의 원천이 된다. 투자의 귀재 워런 버핏의 경우도 다르지 않다.

그가 성공할 수 있었던 것은, 젊은 시절부터 많이 읽고 생각하는 규칙적인 습관을 기른 덕분이다. 그는 컴퓨터도 없는 책상 앞에서 생각에 골몰한다. 의도적으로 생각하기 위해서다.

이건희 삼성그룹 회장은 이병철 회장의 삼남으로 태어났으므로 회장이 될 운명이 아니었다. 하지만 그는 형들을 제치고 회장이 되었고, 삼성을 지금의 초일류 기업으로 탈바꿈시켰다. 30년 동안 삼성을 300배 성장시킨 것이다. 30년 전에 삼성과 어깨를 나란히 하고 경쟁하던 수많은 기업들이 지금은 삼성과 경쟁할 수 없을 정도로 차이가 벌어졌고, 30년 전에는 감히 경쟁 상대로 여기지 못했던 거대 기업 소니가 이제는 삼성을 올려다볼 지경이 되었다.

삼성을 이처럼 성장시킬 수 있었던 단 한 가지 요인은 결국 리더가 생각할 줄 아는 뛰어난 자질을 지녔기 때문이라고 할 수 있다. 이건희 회장은 진정 생각할 줄 아는, 머리를 사용할 줄 아는 경영자이다.

그는 아버지 이병철의 지시에 따라 어릴 때부터 선진 문물을 배우고 익히도록 일본에서 고독하게 자랐다. 또래 친구들이 부모님에게 어리광부리고 친구들과 놀고 게임에 빠져 있었을 때, 이건희는 수백 편의 영화와 다큐멘터리를 통해 다각적으로 사고하는 법을 스스로 익히고 터득했다. 다시 말해 이건희의 사고법은 남달랐다. 통합적이고 다각적인 사고법은 사물과 인간의 본질을 꿰뚫어 볼 수 있는 사고력으로 향상되었다. 그는 영화를 보면서 주인공은 물론 모든 배우들의 입장에서 다각적으로 사고하는 훈련을 했다. 삼성그룹 회장이 되고 나서도 이리저리 바쁘게 현장을 뛰어다니는 회장이 아니라 재택근무를 하며 고립된 공간에서 조용히 '의도적인 생각'을 하는 경영자였다. 그래서 이건희 회장을 두고 '은둔의 경영자'라는 말까지 나왔던 것이다.

1년에 두 번씩 은둔하여 생각을 하는 빌 게이츠도, 책상 위에 컴퓨터도 없이 의도적으로 생각을 하는 워런 버핏도, 재택근무를 통해 생각에 집중한 이건희도 모두 생각의 중요성을 누구보다 잘 알았던 사람들이다. 이러한 사실을 바탕으로 볼 때 생각은 부의 원천이라 할 수 있다.

"돈은 아이디어에 불과하다. 당신이 더 많은 돈을 원한다면 먼저 생각을 바꾸어야 한다. 자수성가한 사람들은 누구나 작은 아이디어로 시작해서 그것을 무언가 큰 것으로 바꾸었다."

『부자 아빠 가난한 아빠』(황금가지, 2000)의 저자 로버트 기요사키의 말처럼 돈은 결국 아이디어에서 비롯된다. 그러므로 생각을 바꾸어야 하고, 생각을 많이 해야 한다. 많이 생각할수록 좋은 생각을 할 수 있기 때문이다. 상상력이 곧 돈이다.

마르쿠스 아우렐리우스는 "사람의 인생은 그 사람의 상상력에 의해 결정된다"고 말했고, 나폴레옹은 "상상력이 세계를 지배한다"라고 했다. 미국의 천문학자 칼 세이건은 "상상력은 가끔 우리를 엉뚱한 곳으로 데려가지만, 그것 없이는 아무 곳도 갈 수 없다"라고 했다. 이들의 말을 종합해보면, 상상력은 사실상 부의 원천일 뿐만 아니라 모든 것의 원천이라고도 할 수 있다.

상상력과 창조의 원천으로서 놀이를 탐구한 『놀이, 마르지 않는 창조의 샘』(에코의서재, 2008)이라는 책에, 상상력을 키울수록 위대한 창조자가 될 수 있다는 내용이 있다.

"작곡가 요하네스 브람스는 얼마나 많이 버렸는지를 보는 것으로 그 예술가의 수준을 가늠할 수 있다고 말했다. 위대한 창조자인 자연은 언제나 많은 것을 버린다. 개구리 한 마리는 수백만 개의 알을 낳지 않는가, 그중에서 올챙이가 되는 것은 몇십 마리에 불과하고, 다시 여기서 불과 몇 마리만 개구리로 자라난다. 우리도 자연처럼 무수히 많은 상상력과 연습을 시도하고 버려야 한다."

상상력을 계발한다는 것은 개구리가 수백만 개의 알을 낳는 것과 같다. 그중에서 단지 몇 마리만 개구리로 자라나지만, 상상력을 계발하지 않으면 단 한 마리도 개구리로 자라나지 못한다.

위대한 상상력으로 세상을 바꿀 수도 있다. 하나의 상상력이 페이스북, 트위터, 구글 같은 회사를 탄생시켰다. 창의적인 상상력은 새로운 미래, 앞으로 우리가 살아가야 할 시대에 더욱더 큰 효력을 발휘한다. 『새로운 미래가 온다』(한국경제신문사, 2007)의 저자인 다니엘 핑크는 자신의 책에서 새로운 생각을 토대로 하여 새로운 것을 창조해내는 사람들이 가장 풍요로운 보상을 받게 될 것이라고 말했다.

"미래는 매우 색다른 마인드를 가진 매우 색다른 사람의 세상이 된다. 그들은 창의적이며, 감정의 교류에 능하며, 인지력이 뛰어나며, 의미를 창조하는 사람들이다. 앞으로는 그러한 사람들이 사회의 가장 풍요로운 보상을 받을 것이며, 사회의 가장 큰 기쁨을 함께 나눌 것이다."

부를 끌어당기는 것은 보이지 않는 시스템이다

"당신에게 돈이 별로 없는데 부자가 되고 싶다면 '균형'보다 '초점'을 추구해야 한다. 성공한 사람들을 보면 처음부터 균형 있게 포트폴리오를 구성한 것이 아니었음을 알 수 있다. 균형적인 사람들은 아무 결과도 내지 못한다."

한때 노숙자로 생활했지만 지금은 부자가 되었고, 수많은 가난한 사람들에게 부자가 되는 길을 가르쳐주고 있는 로버트 기요사키의 말이다.

세상에서 가장 공평한 것 중 하나가 모든 사람에게 주어지는 하루 24시간이다. 우리는 태어나면서 재능이나 성격이나 건강을 다르게 부여받고 태어난다. 하지만 하루 24시간은 누구에게나 동일하다. 그런 점에서 어떻게 보면 사람마다 창출할 수 있는 부 역시 비슷하다 할 수 있지만, 우리 주위를 보면 이 말은 완전히 틀린 말이라는 사실을 알 수 있다.

능력과 환경이 비슷한 사람이 여럿 있지만 부를 창출하고 벌어들이는 수입은 천차만별이기 때문이다. 그 차이는 무엇일까? 그것은 바로 '부를 창출하는 시스템'을 가지고 있느냐 그렇지 않느냐이다.

워런 버핏은 자신이 일을 해서 돈을 벌지 않는다. 그는 부를 창출하는 시스템으로 수많은 투자처를 두고 있다. 그 투자처가 돈을 벌어다 주는 것이다. 빌 게이츠의 경우에는 자신이 창업한 기업이 부를 창출하는 시스템이다. 강호동의 경우에는 그가 하는 사업과 식당, 그리고 방송 활동이 부를 창출하는 시스템이다.

부자가 되고 싶다면 이처럼 부를 창출하는 시스템을 많이 가지고 있어야 한다. 똑같은 시간을 일해도 부자가 되는 사람과 여전히 가난하게 사는 사람을 가르는 것은 바로 이것이다.

연예인들이 인기가 높아지면 돈을 벌 수 있는 것은, 인기라는 것이 부를 끌어당기는 시스템을 가동시키는 연료이기 때문이다. 아무리 잘생기고 예쁜 사람이라도 인기가 생겨야만 돈을 벌 수 있는 이유가 바로 이것이다. 남들보다 월등히 잘생기고 예쁘면 남들보다 더 좋은 시스템을 만들 수 있는 조건을 가지고 있는 셈이다. 하지만 아무리 좋은 시스템이 있어도 연료가 없으면 그 시스템이 돌아가지 않기 때문에 한 푼도 벌 수 없다.

일반인에게 부를 창출하는 시스템은 주식 투자나 부동산 투자가 대표적이다. 하지만 이제 이러한 것들은 너무 대중화되었기 때문에 레드오션이 되었다. 이러한 시스템에서는 이제 얻는 것보다 잃는 것이 더 많아졌다. 그러므로 일반인들도 이와 다른, 부를 창출하는 시스템을 다양하게 개발해야 한다. 이에 성공하는 사람이 결국 부자가 되는 것이다.

성공한 사람들과 부자들 중에 괴짜가 많은 이유가 바로 이것이다. 그저 열심히 일하는 사람들이 부자가 되지 못하는 이유 중 하나는, 부를 창출하는 시스템을 만들지 않고 평생 살아간다는 점이다. 부를 창출하는 시스템은 거창하고 만들기 어려운 것이 아니다. 하지만 대부분의 사람들이 그 시스템을 만들지 못하는 이유 중 하나는 부에 대한 마인드, 부에 대한 의식이 없기 때문이다.

부자를 막연히 동경한다고 해서 부자가 되는 것은 절대 아니다. 부자가 되고 싶다면 부자가 되겠다고 결단해야 한다. 그리고 부자가 되는 방법을 궁리해야 한다. 그 결과 부를 창출하는 시스템을 하나씩 만들어가야 한다. 엄청난 부자일수록 부를 끌어당기는 시스템이 수도 없이 많다.

이건희 회장에게는 수입원이 한두 가지가 아니라 수백 가지일 것이다. 바로 이것이다. 돈이 돈을 끌어당긴다는 말은 좀더 엄밀히 말하면, 부를 창출하는 시스템이 부를 끌어당긴다는 뜻이다. 부를 창출하는 시스템을 만들기 위해서는 노력과 투자가 필요하다.

부를 창출하는 시스템을 많이 만들수록 부자들은 돈을 위해 일을 할 필요가 없어진다. 그래서 사실상 부자들은 돈을 위해 일하지 않는다. 자신의 시스템을 만들기 위해 일을 한다. 그래서 그 시스템이 계속해서 돈을 벌어다 준다.

그런 점에서 가난한 사람은 돈을 벌기 위해 공부를 하고 일을 하지만, 부자는 직접적으로 돈을 벌기 위해서가 아니라 시스템 만드는 법을 배우기 위해 공부를 하고 일을 한다. 가난한 사람이 열심히 일해도 부를 창출하는 시스템을 만들지 않으면 '쥐 경주'나 다름없다.

『부자 아빠 가난한 아빠』에서 쥐 경주에 대해 다음과 말한다.

"평균적인 교육을 받고 열심히 일하는 대개의 사람들의 삶은 비슷합니다. 아이가 태어나고 그 아이는 학교에 갑니다. 부모는 아이가 공부 잘해서 좋은 성적을 받아 대학에 가는 것을 기뻐합니다. 아이는 졸업을 하고 때로는 대학원에 간 후 예정된 길을 밟습니다. 즉, 안전하고 안정된 직장이나 직업을 찾습니다. 아이는 의사나 변호사 같은 그런 직업을 갖게 되거나, 혹은 군인이 되거나 공무원이 됩니다. (…) 이제는 성공한 것 같고, 미래는 밝아 보이고, 두 사람은 집과 자동차, 그리고 TV를 사게 됩니다. 휴가도 가고 아이도 낳습니다. 행복한 가정이 시작되는 거죠. 그러면서 현금의 수요가 크게 늡니다. 행복한 부부는 직장 생활이 극히 중요하다는 것을 인식하며 더 열심히 일합니다. 승진도 해야 하고 보수도 더 받아야 하죠. 보수가 높아지고, 아이가 더 생김에 따라 더 큰 집이 필요합니다. 두 사람은 더 열심히 일하고, 더 착한 직원이 되고, 회사를 위해 더 헌신적으로 일합니다. 다시 학교에 가서 더 전문적인 기술도 습득합니다. 이것도 더 많은 돈을 벌기 위해서죠. 그래서 수입이 점차 올라갑니다. 하지만 그럴수록 세금도 더 내야 하고, 새로 산 큰 집의 재산세도 내야 합니다. 사회보장 세금도 올라가며, 그 밖에 이런저런 세금이 더 붙습니다. 보수는 높아졌는데 돈은 다 어디로 갔는지 궁금합니다. (…) 35년 전에 태어난 이 행복한 부부는 이제 '쥐 경주'에 갇힌 채 평생 동안 일에 몰두합니다. 이들은 회사의 주인을 위해서, 세금을 내야 하는 정부를 위해서, 그리고 융자금과 신용카드를 갚아야 하는 은행을 위해서 일합니다."

가난한 아빠들이 자식에게 해주는 말 중 가장 공통적인 말이 이것이다. "열심히 공부해서 좋은 대학을 나와 안정된 직장이나 좋은 직업을 가져라." 결국 이는 돈을 위해 공부하고, 돈을 위해 일하라고 말하는 것이다. 자신들이 평생 해오던 쥐 경주에 자녀들을 합류시키는 것이다.

이러한 쥐 경주의 가장 큰 문제점은 아무리 열심히 해서 승리자가 된다 한들 여전히 쥐일 수밖에 없다는 것이다. 즉 가난한 사람은 아무리 열심히 일해서 어느 정도 성공한다 해도 여전히 월급쟁이에 불과하며, 여전히 돈 문제에서 벗어나지 못한다.

월급쟁이가 의미하는 것은 자신이 아닌 부자들을 위해 열심히 일을 한다는 것이며, 한편으로는 돈을 벌기 위해서만 열심히 일하는 사람들을 말한다. 부자가 되고 싶다면 돈을 벌기 위해서만 열심히 일해서는 안 된다. 부자가 되는 시스템을 만들기 위해 열심히 일한다면 그 시스템이 당신을 위해 일하게 된다는 사실을 명심하라.

부자 아빠들은 자녀들에게 이렇게 말할 것이다. "열심히 공부해서 자신에게 돈을 벌어다 주는 시스템(기업이든, 투자처든, 저작권이든 그 어떤 것이라도)을 많이 만들어라"라고 말이다. 하지만 일반인들, 평생 재정 문제에 허덕이는 사람들은 돈을 벌어다 주는 시스템을 만들지 못한다. 그 이유 중 하나는 두려움 때문이다. 그래서 부자 아빠들은 두려움을 극복하는 법을 자녀들에게 가르쳐준다. 그중에서도 가장 중요한 것은 '돈을 벌기 위해서는 균형을 맞추기보다는 초점을 추구해야 한다'는 것이다.

금융 전문가의 조언을 인용해보면 다음과 같다.

"당신에게 돈이 별로 없는데 부자가 되고 싶다면 '균형'보다 '초점'을 추구해야 한다. 성공한 사람들을 보면 처음부터 균형 있게 포트폴리오를 구성한 것이 아니었음을 알 수 있다. 균형적인 사람들은 아무 결과도 내지 못한다. 그들은 한곳에만 머문다. 앞으로 나아가려면 먼저 균형을 깨면서 가야 한다. 당신이 어떻게 걸음마를 배웠는지 생각해보라.

토머스 에디슨은 균형 있는 사람이 아니었다. 그 사람은 한 분야에 집중하는 초점적인 인물이었다. 빌 게이츠도 균형적인 사람이 아니었다. 그 사람도 초점적이었다. 조지 소로스도 초점적이었다. 조지 패튼은 자기 탱크들을 광범위하게 사용하지 않았다. 그 사람은 한곳에 초점을 유지해 독일군 전열의 약한 부분을 공략했다. 프랑스 사람들은 마지노선을 넓게 유지했는데, 그 결과가 어떻게 되었는지 한번 보라.

당신에게 부자가 될 생각이 있다면 초점을 맞추어야 한다. 당신의 '많은' 달걀을 '몇몇' 바구니에 넣어야 한다. 가난한 사람들과 중산층이 하는 일을 하지 말라. 그들은 '몇몇' 달걀을 '많은' 바구니에 넣는다."(로버트 기요사키, 『부자 아빠 가난한 아빠』)

중산층이나 가난한 사람들은 초점을 맞추는 것이 아니라 균형을 맞추려고 노력하기 때문에 부를 창출하는 시스템을 만들지 못한다. 부를 창출하는 시스템은 결국 두려움을 극복하고 초점을 맞춘 용감한 사람들에게 주어지는 보상과 같은 것이다. 어떤 사업이든 어떤 투자든 어떤 시도든 위험이 따르지 않는 것은 없다. 부자가 되고 싶다면 더 크게 생각할 줄 알아야 한다. 작게 생각하는 사람은 위험을 감수하지 못한다.

은행을 만든 사람들이 세계적으로 큰돈을 벌 수 있었던 것은 은행이라는 시스템이 최고의 부를 창출하는 시스템이기 때문이다. '페이스북'을 설립한 마크 저커버그가 억만장자가 될 수 있었던 것도 부를 창출하는 시스템을 만들었기 때문이다. '네이버'나 '다음'을 창립한 사람들이 많은 돈을 벌 수 있었던 것도 그러한 기업들이 모두 부를 창출하는 시스템이기 때문이다.

과거 수백 년 전에만 해도 이 세상에 존재하지 않았던 소설가들이 지금은 인기를 끌게 되면 그 누구보다 많은 부와 명성을 얻게 되는 것은, 스토리를 만들고 그것을 책으로 출간하는 것이 하나의 부를 창출하는 훌륭한 시스템이기 때문이다. 특히 조앤 K. 롤링의 경우를 보면 이러한 사실을 잘 알 수 있다. 그녀는 동화를 써서 책으로 출간하여 돈을 끌어당겼다. 그것도 엄청나게 말이다. 그녀는 최고의 부를 창출하는 시스템을 만들어냈다.

부를 끌어당기는 시스템을 개발하는 법

보통 사람들이 부를 끌어당기는 시스템을 만들기 위해 가장 먼저 해야 하는 일은 무엇일까? 보통 사람들은 어떻게 해야 부를 끌어당기는 시스템을 만들 수 있을까? 과연 그것이 가능할까?

너무 어렵게만 생각하면 그것은 계속 어려운 일이다. 쉽게 생각하고 쉽게 접근할 필요가 있다. 거대한 부를 끌어당기는 시스템이라고 하면 은행과 같이 거대한 공룡이나 코끼리처럼 느껴지는 것이 사실이다. 하지만 우리가 명심해야 하는 것은, 코끼리를 잡아먹는 방법은 결국 하나밖에 없다는 사실이다. 코끼리를 잡아먹는 방법은 간단하다. '한 번에 한 입씩'이다.

아무리 크고 거대한 시스템이라도 그것을 만드는 방법은 '천릿길도 한 걸음씩'이다. 은행이라는 시스템의 시초도 이와 같았다. 가치 있는 어떤 무엇을 받고, 그 대가로 누군가에게 돈의 가치가 있는 신용장이나 예탁 증서를 빌려주었던 것이다.

오늘날과 같은 성격의 은행은 중세 유럽에서 금 세공인에 의해 시작되었다. 일반 사람들이 자신의 금괴를 금 세공인에게 맡겼고, 금 세공인은 금괴를 맡았다는 증거로 예탁 증서를 발행해주었다. 그뿐 아니라 전당포 업자도 이와 비슷하게 물건을 받고 신용장을 발행해주었다. 화폐 교환업자들도 이와 같았다.

일반 사람들이 부를 끌어당기는 시스템을 만든 경우가 바로 부동산을 구입하여 임대해 매달 임대료를 받는 것이다. 어떤 이는 물건을 구입한 후 렌트해주어 렌트 요금을 받는다. 어떤 사람은 건물을 구입하여 점포를 세놓아 매달 임대료를 받기도 한다. 이런 것들도 모두 부를 창출하는 시스템이다.

하지만 이러한 시스템보다 조금 더 고차원적인 시스템이 있다. 아이디어나 디자인을 기업체에 팔아 수익을 얻는 것도 일회적인 부의 창출 시스템이다. 작곡가가 좋은 곡을 만들면 평생 그 곡의 저작권료만으로도 먹고살 수 있다. 하지만 특별한 재능이 없는 보통 사람들에게 이런 방법은 쉽지 않다. 그렇다면 접근하기 쉬운 것부터 하면 된다. 그렇게 하다보면 조금 더 어려운 것도 할 수 있다. 보통 사람들이 쉽게 접근할 수 있는 방법은 찾아보면 적지 않다.

문제는 지천에 깔려 있는 부를 창출하는 시스템을 개발할 마음이 있느냐 없느냐이다. 같은 세상에 살면서 누군가는 같은 것을 경험한 후 그것을 변형시켜 부를 창출하는 시스템으로 발전시키고, 누군가는 매일 그것을 경험하면서도 그런 생각조차 하지 못한다.

부를 끌어당기는 시스템을 개발하는 방법은 그 시스템이 어떤 것이냐에 따라 천차만별이다. 그래서 한 걸음씩 단계별로 가르쳐주어야 한다. 작가들은 책을 출간해서 저작료를 부를 끌어당기는 시스템으로 삼는다. 작가들은 그들만의 노하우가 있고 방법이 있다. 여기서 좀더 확장시켜 강연을 하면 부를 창출하는 시스템이 더 추가된다. 그리고 좀더 발전시키는 작가라면 자신의 노하우를 전수하는 연구소를 만들 수 있다. 대표적인 사례가 '공병호 경영연구소'와 '구본형 변화경영연구소'이다. 공병호 작가와 구본형 작가에게는 연구소가 부를 창출하는 또하나의 시스템이다. 작가에게는 이런 식으로 확장할 수 있는 시스템이 한정적이라는 단점도 있다.

하지만 일반인들은 사실상 제한이 없는 광범위한 분야에서 부를 창출하는 시스템을 만들어낼 수 있다. 어떤 전문직에 종사하는 사람은 그 직종과 관련된 시스템만을 만들어야 한다는 단점이 있지만, 일반인은 다양한 시스템을 만들어낼 수 있다. 직업의 종류는 수천, 수만 가지가 아닌가.

소설가라는 직업은 몇백 년 전에는 존재하지 않았다. 자기 계발 작가라는 직업도 마찬가지다. 소프트웨어 프로그래머라는 직업은 최근에야 생겼다. 게임 프로그램 개발자도 마찬가지다. 휴대전화 연구원이라는 직업도 그렇다. 어제까지는 존재하지 않았던 직업이 오늘 하루 만에 수도 없이 생겨날 수 있다.

부를 창출하는 시스템도 마찬가지다. 보통 사람들이 상상력과 창의력을 바탕으로 끊임없이 만들어낼 수 있다. 그래서 상상력의 시대인 지금, 인류 역사상 유례를 찾아보기 힘들 정도로 백만장자들이 많아졌다고 한다.

백만장자의 급증은 결국 부를 창출하는 시스템의 급증과 정확히 비례한다. 그러므로 당신만의 부를 창출하는 시스템을 개발해야 한다. 처음에는 작고 간단한 시스템부터 시작해야 한다. 그것이 비결이다. 그렇게 작고 간단한 시스템을 시작하면 차츰 규모가 성장하고 질적으로 향상된다. 그래서 몇 년 후에는 엄청난 시스템으로 성장할 것이다.

결국 부를 창출하는 시스템을 개발하는 방법은 독창적이고 유연한 생각에서 비롯된다. 생각이 우리를 부자로 만들어주는 것이다. 그러므로 생각을 해야 한다. 부자로 만들어주는 것은 우리가 가지고 있는 돈이 아니라 우리가 하는 생각이다.

부를 끌어당기는 시스템을 개발하려 할 때 주의해야 할 점도 있다. 로마도 하루아침에 이루어지지 않았다는 사실이다. 하물며 인생을 완전히 뒤바꾸는 부자가 되는 것은 결코 하루아침에 이루어지지 않는다. 많은 사람이 부자가 되지 못하는 이유 중 하나는 하루아침에 결판을 보려 하는 성급함 때문이다. 며칠, 몇 개월, 겨우 몇 년을 해보고서 안 되면 그냥 포기하고 만다.

눈에 보이지 않는 생각과 아이디어들이 현실에서 구현되고 확장되고 변형되어 제대로 돌아가는, 부를 창출하는 시스템으로 틀이 잡히기까지는 몇십 년이 걸릴 수도 있다. 그리고 시간이 흐르면서 사회에서 검증받으며 성장하게 된다.

월마트의 창립자인 샘 월튼의 말은 이러한 사실을 잘 보여준다. 그는 자서전 『샘 월튼: 최고의 상인, 최대의 부호』(우리문학사, 1992)에서 평생 살아오면서 얻은 교훈 중 하나를 다음과 같이 회고했다.

"시간이 지나면서 사람들은, 월마트는 내가 중년이었을 때 갑자기 꿈꿨던 무엇인데 하루아침에 크게 성공하게 된 게 그런 위대한 생각만이 있었기 때문이라는 인상을 받았지요. 그렇지만 대부분의 다른 하루아침의 성공과 마찬가지로 위대한 생각이 성공으로 이어지는 데 약 20년이 걸렸답니다."

많은 사람들이 월마트가 한 중년 남자의 생각으로 하룻밤 사이에 굉장한 성공을 거두었다고 생각한다. 하지만 '월마트'라는 부를 창출하는 시스템은 하룻밤 사이에 이루어진 것이 아니다. 생각은 씨앗과 같다. 씨앗이 싹이 트고 나무가 되고 열매를 맺고 장성하기 위해서는 오랜 세월이 걸리는 것이 당연하다. 샘 월튼이 이 생각을 토대로 사업을 시작한 지 무려 17년 만에 비로소 눈에 보이는, 월마트라는 시스템의 틀이 완성되었다는 사실을 명심해야 한다.

최초의 한 사람이 새로운 시스템을 완성시키는 데에는 무척 오랜 시간이 걸리지만, 그것을 보고 그 시스템을 가져다 비슷하게 사용할 경우 실패 확률은 높지만 시간이 그만큼 오래 걸리지는 않는다. 이미 검증이 완료된 시스템이기에 제대로 한다면 몇십 배 빨리 원조를 뛰어넘어 그 시스템을 활용할 수 있다.

'스타벅스'라는 시스템이 성장하는 데 걸린 시간은 적지 않다. 하지만 한국의 많은 커피 전문점은 스타벅스가 오랜 시간을 들여 힘들게 만들고 검증해놓은 시스템을 이용하여 빠른 시간 내에 성공을 거두었다.

이런 사실에서 우리가 주의해야 할 또 한 가지 사실은, 타인이 쉽게 흉내낼 수 있는 시스템보다는 자기만이 만들 수 있는 시스템을 구축하려고 노력해야 한다는 사실이다. 다시 말해, 거대하고 좋은 시스템보다는 작지만 자기만이 할 수 있는 독창적인 시스템이 훨씬 더 유익하고 든든한 부의 시스템이라는 것이다.

누구나 부자가 될 수는 있지만 그러기 위해서는 준비가 필요하다. 이용할 수 있는 모든 기회를 활용하기 위해서 당신은 반드시 적극적인 마음의 준비가 되어 있어야 한다.

_나폴레온 힐

습관이란 인간으로 하여금 그 어떤 일도 할 수 있게 만들어준다.

_도스토옙스키

선생께서 말씀하셨다. 인간은, 천성은 서로 비슷하지만 습관에 의해서 완전히 달라진다.

_공자

습관은 제2의 천성이다. 인간은 누구나 성공하고 싶고 부자가 되길 원하지만 그렇다고 누구나 부자가 되는 것은 아니다. 그럼에도 불구하고 성공이나 부는 그렇게 어려운 것이 아니다. 성공하는 사람들에게는 성공할 수밖에 없는 습관이 있다. 타고난 재능이나 능력이 있어도 좋은 습관이 없으면 성공할 수 없다. 그러므로 성공을 원한다면 자신이 가진 나쁜 습관을 바로잡고 성공을 부르는 습관으로 바꿀 수 있어야 한다.

—제임스 M. 볼드윈, 『부자가 되려면 습관의 벽을 깨뜨려라』(느낌이있는책, 2004) 중에서

2부

부자로 만드는 '부의 습관'의 비밀

습관은 무엇이든 할 수 있게 해준다

"인간은 반복적으로 행하는 것에 따라 판명되는 존재다. 따라서 탁월함은 단일 행동이 아니라 바로 습관에서 온다."

아리스토텔레스의 이 말은 습관의 위력을 잘 말해준다. 부자들은 남다른 습관을 갖고 있다. 습관을 만드는 것은 우리 자신이지만, 그 습관이 우리를 부자가 되게 할지, 가난하게 살아가는 빈자가 되게 할지, 혹은 하는 일마다 성공하는 사람이 되기 할지, 하는 일마다 실패하는 사람이 되게 할지를 결정한다.

다시 말해, 습관은 우리로 하여금 무엇이든 할 수 있게 해준다. 성공을 위한 가장 좋은 준비는 좋은 습관을 만드는 것이다. 성공하고자 한다면 성공하게 만들어주는 습관을 들여야 하고, 부자가 되고 싶다면 부자가 될 수 있게 해주는 좋은 습관을 몸에 배게 해야 한다.

우리 모두에게 공평하게 주어지는 하루 24시간은 어떻게 보면 동일한 기회인 셈이다. 그래서 이렇게 보내도 하루가 가고 저렇게 보내도 하루가 간다. 어떻게 보면 하루라는 시간이 사소해 보이지만, 사소해 보이는 일상의 행동과 선택이 인생의 큰 강줄기가 되어 결국에는 우리의 성공과 실패, 부자와 빈자를 가른다. 하지만 사람들은 그 사실을 깨닫지 못한다.

인생의 큰 강줄기를 이루는 습관은 한번 형성되고 나면 바꾸기가 힘들다. 우리가 만든 습관은 우리를 절대로 배신하지 않는다. 우리가 만든 습관이 어떤 것이든 그 습관은 우리에게 그대로 보답한다. 우리가 지금 하는 사소한 행동들이 결국 우리를 만들고, 우리 인생을 결정짓는다. 모든 것은 지금 이 시간을 우리가 어떻게 사용하느냐에 달려 있다. 부자가 되기 위해서는 무엇보다 습관을 바꾸어야 한다. 습관은 무엇이든 할 수 있게 해주는 제2의 천성이기 때문이다.

물을 바라보는 것만으로는 바다를 건널 수 없는 것처럼 부자가 되기를 바란다고 해서 부자가 되는 것은 아니다. 바다를 건너기 위해서는 죽든 살든 항구를 떠나 바다로 나아가야 하듯, 부자가 되기 위해서는 그 자리를 박차고 일어나 한 걸음씩 전진해야 한다. 그 반복적인 한 걸음 한 걸음이 바로 습관이 된다.

산의 정상에 오르기 위해서는 셀 수 없이 많은 발걸음을 떼어야 하는 것처럼 부자라는 정상에 오르기 위해서는 셀 수 없이 많은 도전과 모험을 해야 한다. 그것을 가능하게 해주는 것이 우리가 스스로 만드는 습관들이다.

도전하는 습관, 모험을 두려워하지 않는 습관, 포기하지 않는 습관, 실패 앞에서도 다시 도전할 수 있는 습관, 실패를 통해 교훈을 얻을 수 있는 습관, 남들과 다르게 생각하는 습관, 자기만의 길을 개척하는 습관, 날마다 멈추지 않고 전진하는 습관, 현실에 안주하지 않는 습관 등과 같이 무수히 많은 습관들이 우리를 가난에서 벗어나 부자가 되게 해줄 뿐만 아니라 우리로 하여금 무엇이든 할 수 있게 해준다.

우리가 바꿔야 할 것은 전략이 아니다. 일상을 지배하는 습관, 우리 인생과 미래를 이끌어가는 습관이 바로 우리가 바꿔야 하는 것이다.

"어떻게 하면 부자가 될 수 있습니까?"라는 질문을 하는 사람이 있다면, 그에 대한 대답은 의외로 간단하다. 부자가 되기 위해 엄청난 노력을 하거나 많은 돈을 유산으로 물려받는다 해도, 부자가 되고 부자로 살아가는 것은 어렵다. 하지만 부자가 될 수 있는 최고의 방법은 매우 간단하다. 습관을 바꾸는 것이다.

부자가 될 사람과 평생 가난하게 살 사람의 운명이 미리 정해져 있는 것은 아니다. 하지만 그 사람의 하루 일과를 살펴보고, 그 사람이 생각하고 행동하고 말하는 것을 보면 그가 부자가 될지 평생 가난하게 살지를 알 수 있다. 그 사람에게 이미 형성된 습관을 보면 그 사람의 미래가 보이기 때문이다.

평생 실패만 하고 생활고에 시달리며 힘든 삶을 사는 사람들은 말하는 습관, 행동하는 습관에서 티가 난다. "나는 안 돼" "내게는 그런 능력이 없어" "내게는 돈이 없어" "돈만 있으면 정말 좋을 텐데" "왜 우리집은 가난할까" "우리 부모님이 부자라면 얼마나 좋을까"와 같은 말을 입에서 쉽게 내뱉는 사람들은 이미 그렇게 말하는 습관을 가지고 있는 것이다. 이런 사람들은 성공하지 못하며 부자도 되지 못한다.

하지만 "나는 반드시 부자가 될 수 있어" "나는 능력이 있어" "나는 돈을 벌 수 있어" "나는 가난한 집에서 태어나 더 많은 경험을 해서 참 다행이야" "곧 최고의 부자가 되고 말 거야" "돈은 얼마든지 벌 수 있어"와 같은 말을 자주 하는 사람은 정말로 자신이 말한 대로 부자가 된다.

우리가 아무렇지도 않게 말하고 행동하는 것은 하루아침에 하늘에서 떨어진 것이 아니다. 생각과 행동이 오랫동안 반복된 결과로 형성되는 것이다. 그렇기 때문에 일단 그것이 형성되면 바꾸기가 어렵다. 그래서 습관이 된 언행을 보면 그 사람의 미래가 보이는 것이다.

『위대한 상인의 비밀』(문진출판사, 2000)이라는 책을 쓴 오그 만디노 역시 성공한 사람과 실패한 사람의 차이는 습관에 있다고 말했다.

"진실로, 실패한 사람과 성공한 사람의 차이는 단지 그들의 습관에 있다. 좋은 습관은 모든 성공의 열쇠다. 나쁜 습관은 실패로 가는 문이다. 그러므로 무엇보다 우리가 지켜야 할 제1법칙은 좋은 습관을 만들어 좋은 습관의 노예가 되는 것이다."

그의 말처럼 성공의 열쇠는 바로 습관이다. 습관만큼 우리를 성공하게 만들기도 하고 실패하게 만들기도 하는 것은 없다. 좋은 습관은 인간에게 가장 큰 경쟁력이다. 빌 게이츠는 인생과 비즈니스의 경쟁에서 승리하는 가장 좋은 무기는 좋은 습관이라고 말한 적이 있다. 러시아의 대문호 도스토옙스키 역시 "습관이란 인간으로 하여금 그 어떤 일도 할 수 있게 만들어준다"라고 습관의 중요성을 강조했다.

아무리 꿈이 크고 전략이 훌륭하고 의지가 강하다 해도 좋은 습관을 가지고 있지 않으면 절대로 성공할 수 없다. 자신의 습관이 자신의 꿈을 이루기 위한 최적의 습관일 때 그 사람은 반드시 성공한다. 결국 성공과 실패, 부자와 빈자를 가르는 것은 습관이다.

"선생께서 말씀하셨다. 인간은, 천성은 서로 비슷하지만 습관에 의해서 완전히 달라진다."

『논어』 '양화편'에 나오는 공자의 말이다. 이 말처럼 습관은 우리의 천성을 완전히 달라지게 해준다. 또 그뿐 아니라 우리의 미래도 완전히 달라지게 한다. 중국 속담에 "가난과 부, 실패와 성공은 모두 습관에 의해 결정된다"라는 말이 있다.

습관을 바꾼다는 것은, 큰 힘을 들이거나 대단한 의도를 품지 않아도 일상을 다르게 할 수 있다는 의미이다. 그렇기 때문에 습관을 바꾼다는 것은 우리의 일상을 바꾼다는 것을 의미한다. 그래서 존 맥스웰은 "일상을 바꾸기 전에는 삶을 변화시킬 수 없다. 성공의 비밀은 자기 일상에 있다"라고 말했다.

최고의 절약은
두세 배 더 버는 습관이다

한푼두푼 아껴서 진짜 부자가 된 사람은 없다. 그렇게 해서 어제보다 오늘 돈이 조금 더 많아졌다고 해서 그런 사람을 부자라고 해서는 안 된다. 돈은 쓰라고 있는 것이지 아끼라고 있는 것이 아니다. 그것이 돈이 탄생하게 된 배경이며, 부자의 참된 의미는 아끼는 사람이 아니라 풍족하게 가지고 있는 사람이다.

삶을 풍요롭게 하는 작고 소소한 기쁨마저 빼앗아가면서 궁상을 떨며 돈을 모으는 사람이 어떻게 부자인가? 그런 사람은 진짜 부자란 어떤 것인지 알지 못하는 사람이다.

『시골의사의 부자경제학』(리더스북, 2006)을 쓴 박경철은 이 책에서 부자의 정의를 다음과 같이 내렸다.

"그렇다면 부자란 정말 어떤 사람일까? 부자란 바로 부를 늘리는 데 관심이 없는 사람이다. 더이상의 부를 필요로 하지 않을 때 비로소 부자라고 할 수 있을 것이다. 부자란 기본적으로 자신의 부를 지키고 이전하는 데 관심이 있을 뿐 더이상 부를 늘려야 할 이유가 없는 사람들이다."

그의 정의대로라면 한푼두푼 아끼는 사람은 절대 부자가 아니다. 부자란 기본적으로 더이상 부를 필요로 하지 않을 만큼 충분한 부를 이미 가진 사람이기 때문이다.

로버트 기요사키는 부유함의 정의에 대해 다음과 같이 말했다.

"우리가 물리적으로 일하지 않으면서도 (혹은 우리 가족 가운데 누가 물리적으로 일하지 않으면서도) 삶의 질을 유지하면서 생활할 수 있는 날들days의 수number."

그가 내린 부유함의 정의에 따르면, 한푼두푼 아끼는 사람과 부유한 사람은 같지 않다는 것을 알 수 있다.

이 세상의 모든 위대한 질문에는 공통점이 하나 있다. 그러한 질문에는 결코 단 하나의 정답이란 없다는 사실이다. 과거에 옳다고 생각했던 패러다임이 지금은 완전히 틀린 패러다임이 된 경우가 적지 않다. 누군가는 커피가 몸에 좋지 않다고 주장했었지만, 최근 과학자들은 커피가 심장병을 막아주고 항암 효과도 있다고 말한다.

사실 세계보건기구는 커피를 3단계 발암물질로 규정하고 있다. 하지만 최근에 발표되는 연구 결과들을 보면 도대체 누구의 말이 옳은가 하는 의구심이 들 정도로 완전히 배치되는 연구 결과들이 적지 않다.

정답은 없다는 사실을 잘 말해주는 것 중 하나가 삶의 방법이다. 과거는 성실하고 근면한 꿀벌들이 잘사는 시대였다. 하지만 지금은 성실하고 근면한 사람들이 잘사는 시대가 아니라 혁신과 창조를 할 줄 아는, 새로운 아이디어로 무장한 게릴라들이 잘사는 시대이다.

과거에는 남자가 웃음이 많으면 진중해 보이지 않고 너무 웃기면 가벼워 보인다고 했지만, 요즘은 잘 웃고 유머 감각 있고 타인을 잘 웃기는 사람들이 그렇지 못한 사람들보다 훨씬 더 연봉이 높고 승진도 빠르다.

하루에 커피를 서너 잔 정도 마시면 대장암은 20퍼센트, 간암은 52퍼센트, 자궁내막암은 25퍼센트씩 각각 위험도가 감소한다는 연구 결과가 속속 발표되고 있다. 그런데 미국 국립암연구소는 커피와 암 사이의 연관성에 대해 어떤 결론도 내리지 못하고 있다. 커피에 든 수천 가지 성분을 현대 의학이 완전하게 분석하는 데에는 시간이 걸리기 때문이다.

지금 우리가 내릴 수 있는 결론은, 같은 커피를 마셔도 사람에 따라 암을 유발할 수도 있고 예방할 수도 있다는 것이다. 세상에는 정답이란 없다.

과거에는 절약하는 것이 최고로 잘사는 방법이었다. 부자가 되기 위해서는 한푼두푼 아끼고 절약해야 한다고 배우기도 했다. 하지만 이 시대 최고의 부자들을 보라. 그들은 근검, 절약으로 부자가 된 사람들이 아니다. 그들이 부자가 된 단 한 가지 이유는 엄청난 돈을 벌었기 때문이다.

한번 생각해보자. 한 달 동안 열심히 일해서 100만 원을 벌었다. 그래서 그 돈을 절약하기 위해 버스를 타고 다니고, 맛있는 것을 먹지 않고, 차를 타고 나갈 때는 주차비를 아끼려고 무료 주차장을 찾느라 시간을 허비하고, 돈을 아끼려고 수영장도 가지 않고, 스포츠 센터에도 가지 않고, 시간이 날 때에는 집에만 있고, 돈이 아까워서 책도 구입하지 않는다. 그래서 80만 원 정도를 저축했다고 하자. 그렇게 10년 정도를 살았다고 해보자. 이 사람은 과연 삶의 질이 어땠을까? 그리고 그는 미래를 위해 어떤 준비를 할 수 있었을까?

또다른 사람은 지금 당장은 돈을 많이 벌지 못하지만 돈보다 시간을 아끼기 위해 택시를 타고 다니고, 자기 계발을 위해 책을 많이 구입해 탐독했다. 이 사람도 100만 원을 벌었지만 20만 원 정도를 도서 구입에 사용하고, 10만 원 정도를 사용하여 수영장에 가고, 10만 원 정도를 자기 계발 및 공부를 위해 사용했다. 그리고 1분 1초를 아끼기 위해 주차비를 아까워하지 않고 가장 가까운 곳에 주차를 했다. 그는 겨우 20만 원 정도밖에 절약할 수 없었다. 하지만 그는 10년 후에 건강한 신체를 유지할 수 있었고, 꾸준한 공부와 자기 계발을 통해 수입이 열 배가 늘었다. 그래서 한 달에 1,000만 원을 버는 사람이 되었다. 그는 그 돈 중에서 한 달 용돈으로 100만 원을 풍족하게 사용하고, 나머지 900만 원을 은행에 넣거나 다른 곳에 투자했다. 전자의 경우에는 10년 동안 8,000만 원 정도를 저축할 수 있었지만, 그 어떤 자기 계발도 하지 못했기 때문에 여전히 월급은 100만 원밖에 안 되었다.

결국 이 두 사람은 10년이 되던 해에 1년 만에 저축액이 역전되고, 그 격차가 크게 벌어진다. 후자는 결국 부자가 된다. 하지만 전자는 평생 아끼고 또 아끼면서 저축했음에도 결코 부자가 되지 못한다. 최고의 절약은 아끼는 것이 아니라 두세 배 더 많이 버는 것이다.

요약하자면, 100만 원을 벌어 대부분을 절약해서 저축하는 것보다 500만 원을 벌어 풍족하게 사용하고 200만 원 정도를 절약하는 사람이 진짜 부자가 될 수 있는 사람이며, 그것이 최고의 절약이다. 100만 원을 벌어 그것을 어떻게 아낄지 고민할 시간에, 어떻게 하면 수입을 두세 배 더 늘릴지 고민하고 에너지를 쏟아붓는 사람이 되어야 한다.

돈 걱정을 하면서 몇 푼이라도 저축하기 위해 아등바등하며 살아가는 사람이 되지 말고, 편안한 마음으로 지금보다 몇 배 더 많은 수입을 올리기 위해 항상 기분좋은 생각을 하는 사람이 되어보라.

가난한 사람들은 저축을 좋아한다. 한푼두푼 모을 수 있기 때문이다. 하지만 부자들은 저축보다 대출을 좋아한다. 저축해서 몇 푼 모으는 것보다 두세 배 더 많이 벌 수 있는 방법이기 때문이다.

중국의 베스트셀러 작가인 구구古古는 다음과 같이 말한다.

"가난한 사람들은 저축을 좋아하고, 부자는 대출을 사랑한다. 한쪽은 끊임없이 푼돈을 집어넣고, 한쪽은 끊임없이 거액을 꺼내간다. 사실 부자의 자본은 수많은 가난한 사람이 준 것으로, 가난한 사람은 부자들이 더 건강해지고 튼튼해지도록 끊임없이 수혈을 해주고 있다고 할 수 있다."(구구, 『그는 왜 부자인가?』)

최고의 절약은 한푼두푼 모으는 것이 아니라 거액을 버는 것이다. 부자들이 돈을 벌게 해주는 가난한 사람의 줄에서 벗어나 부자의 줄에 서야 한다. 그 방법은 절약하는 것이 아니라 자신의 수입보다 몇 배 더 버는 것이다.

가난한 사람들은 어떻게 하면 돈을 아끼고 재테크를 잘할 수 있을지 고민한다. 하지만 이런 고민을 할 시간을 아껴서 '어떻게 하면 지금보다 두세 배 더 많이 벌 수 있을까'를 고민해야 한다. 이것이 부자의 습관이다.

『부자의 조건, 금융IQ—부자 아빠, 가난한 아빠』(황금가지, 2011)에서 로버트 기요사키는 다음과 같이 말했다.

"가난한 아빠는 '수입 이내의 생활을 하라'라고 말하곤 했다. 반면 부자 아빠는 '부자가 되고 싶다면 수입을 늘려야 한다'라고 말했다."

그렇다. 우리는 수입 이내의 생활을 해서는 안 된다. 수입 이내의 생활을 하기 위해 절약하는 습관을 과감하게 버려야 한다. 그런 습관은 절대로 당신을 부자로 만들어주지 못한다. 부자는 돈의 주인이며, 자신이 원하는 방법대로 자신이 원하는 목적을 위해 돈을 마음껏 사용할 수 있는 사람이다. 하지만 절약하는 습관은 돈을 위해 자신이 하고 싶은 것을 하지 못하는 삶에 길들여진다는 것을 의미할 뿐이다.

수많은 금융 전문가들이 "신용카드를 없애세요, 분수 이하로 사세요, 그리고 중고차를 타세요"라고 조언한다. 하지만 부자 아빠는 단 한 번도 신용카드를 없애라고 말한 적이 없다는 것을 알아야 한다. 문제는 신용카드를 사용하는 것이 아니라 금융 지식이 없는 것이다. 문제의 본질은 신용카드가 아니라 지식의 유무인 것이다.

돈이 있어도 싸구려로 살고 싸구려로 삶을 마감하게 되는 가장 큰 이유는 금융 지식이 없기 때문이다. 그래서 부자 아빠는 다음과 같이 말한다.

"싸구려로 살아서는 결코 부자가 될 수 없다. 문제는 그렇게 하여 부자가 되더라도 여전히 싸구려로 살게 된다는 것이지. 싸구려로 살다가 부자로 죽는다? 그건 아무 의미도 없어. 싸구려로 살다가 부자로 죽고 난 다음, 평생 벌어놓은 것을 자식들이 쓰게 하라고?"(로버트 기요사키, 『부자 아빠의 신용카드 자르지 않고 부자 되기』)

우리가 명심해야 하는 것은, 싸구려로 살면서 부자가 되면 부자가 된 후에도 여전히 싸구려로 살아가게 된다는 것이다. 그것은 진정한 부자의 삶이 아니다.

무언가를 원한다면 그것이 되기 위해 지불해야 하는 정당한 대가를 지불해야 한다. 혹은 정당한 방법을 찾아서 그 방법을 실천해야 한다. 부자가 되는 정당한 방법은, 한푼두푼 아끼고 생활은 싸구려로 하는 것이 아니다. 수입을 두세 배 이상으로 늘려 부자로 생활하는 것이다.

부자가 된다는 것은 돈을 절약해서 남들만큼 소유하게 된다는 의미가 아니다. 자신이 하고 싶은 것을 마음껏 할 수 있을 만큼 돈이 있다는 것을 의미한다. 수입 이내의 생활을 한다는 것은 결국 평균적인 삶을 살아가야 한다는 의미이고, 이는 평균적인 삶에 길들게 할 뿐이다.

금융 전문가들은 수입 이내의 생활을 하고 분산 투자를 하고 신용카드를 잘라버리라고 조언하지만, 이 조언은 평균적인 조언에 불과하다. 그렇기 때문에 이 조언을 따르면 결국 평균적인 사람으로 남을 수밖에 없다.

가난한 사람들은 푼돈을 모으기 위해 고군분투하지만, 진짜 부자들은 푼돈을 아끼는 데에는 관심이 없다. 그 대신 그들은 큰돈을 버는 데 집중한다. 가난한 사람들은 푼돈을 벌기 위해 무조건 오래, 열심히 일한다. 하지만 부자들은 큰돈을 벌기 위해 아이디어를 끊임없이 생각해내고, 그 아이디어를 100퍼센트 활용할 줄 안다.

가난한 사람들은 한푼두푼 아끼기 위해 생활수준을 낮추고, 값싼 물건들로 주위를 채운다. 하지만 길게 보면 그것이 더 많은 시간과 돈을 소비하게 되는 것임을 알아야 한다. 비싸다고 다 좋은 것은 아니지만 어느 정도 품질이 좋은 물건을 구입할 때 생활수준이 높아진다. 길게 보면, 그렇게 했을 때 실제로 시간과 돈을 더 적게 소비한다는 지혜를 얻게 된다.

그리고 무엇보다 삶의 만족도와 행복은 비교할 수 없을 만큼 차이가 있다. 성경에, 돈을 사랑하는 것은 일만 악의 뿌리가 된다고 했다. 하지만 그 말을 오해해서는 안 된다. 돈에 눈이 멀어 사람답게 살지 못하고 지나치게 구두쇠처럼 사는 것을 경계하는 말임을 명심해야 한다.

성경에 나오는 믿음의 조상 아브라함은 엄청난 갑부였고, 솔로몬도 큰 부를 누렸고, 다윗과 노아도 모두 많은 재산을 소유했다. 아담에게도 땅에 충만하고 번성하라고 했지, 아끼고 또 아끼면서 살라고 하지 않았다. 세상의 모든 것들, 멋진 것들을 즐기고 누리라고 했다. 이들 모두 한푼두푼 아껴서 부자가 된 것이 아니라, 남들보다 두세 배 더 많이 벌었거나 남들과 달리 지혜나 능력이 뛰어난 사람이었다.

부자와 빈자의 숨길 수 없는 차이는 습관에 있다

어떤 분야에서든 그 분야에서 최고의 성공을 거둔 사람들이 있다. 하지만 그런 사람들은 1퍼센트 정도이다. 즉 대부분의 사람들이 그저 평범한 성과에 만족하며 평범하게 살아가는 것이다. 그렇다면 최고의 성공을 거두는 사람과 그러지 못하는 대부분의 사람의 차이점은 무엇일까?

열심히 노력했는데도 안 된다고 말하는 사람들이 적지 않다. 하지만 열심히 노력했다고 할 때 그 노력의 정도는, 그 분야에서 최고가 된 사람들이 기울이는 노력과는 큰 간격이 있다.

대부분의 평범한 사람들은 보통 아침 여섯시나 여덟시 사이에 일어나 정신없이 출근하고 일을 한다. 자신이 생각하기에는 열심히 일한다고 자부할 만큼 실제로 열심히 일을 한다. 그렇게 열심히 일을 한 후 퇴근해서는 열심히 일한 자신에게 보상이라도 하듯 술집에서 하염없이 술을 마시거나 텔레비전에 하염없이 빠져든다. 이렇게 하루를 보낸다.

하지만 최고의 성공을 거둔 사람들은 평범한 사람들이 꿈나라에서 행복한 시간을 보내고 있을 그 시간, 즉 새벽 세시나 네시에 일어난다. 그 새벽부터 그들은 공부를 하고, 연구를 하고, 일을 하고, 자신의 분야에서 최고의 성공을 거두기 위해 연습하고 훈련을 한다. 그렇게 하루 중에서 에너지와 집중력이 가장 집약될 때 네다섯 시간을 일한 다음 여유롭게 출근한다.

출근을 해서는 남들과 다르지 않게 일을 한 후 퇴근한다. 퇴근 후에 그들은 술을 마시거나 친구를 만나거나 텔레비전 앞에서 시간을 낭비하지 않는다. 도서관이나 자신의 방에서 공부를 하고 최고가 되기 위해 연습과 훈련을 한다.

자! 10년 후에 어떤 사람이 성공할까? 이 세상에는 공짜 점심이란 없다. 그리고 이 세상에 존재하는 가장 중요한 법칙 중 하나는 심은 대로 거둔다는 것이다. 성공과 실패는 일상적인 습관과 노력에 달려 있다. 평범한 사람들은 자신이 기울이는 노력이 성공한 사람들이 투자하는 노력에 비하면 아무것도 아니라는 사실을 한번도 생각해보지 못한다.

『이웃집 백만장자』(리드리드출판, 2015)라는 책에 보면 부자와 빈자를 가르는 것은 열심과 노력이라고 말하는 대목이 있다.

"매일매일 조깅하는 사람들을 보셨습니까? 그들은 조깅이 전혀 필요 없을 것 같은 사람들이 대부분입니다. 그런데 바로 그 조깅 덕분에 조깅이 필요 없을 것 같은 균형잡힌 몸을 유지한다는 것을 아십니까? 부유한 사람들은 재정적인 여유를 가질 수 있을 만큼 열심히 일합니다. 그러나 그렇지 못한 사람들은 자신의 상황을 바꾸기 위해 거의 아무것도 하지 않습니다."

부자들은 재산을 모으기 위해 자신의 시간과 에너지를 효율적으로 분배하고 사용하는 습관이 있다. 시간 관리는 결국 효율의 문제이고, 자신에게 주어진 시간과 에너지를 얼마나 효율적으로 사용하느냐에 따라 부와 성공이 결판난다.

효율을 극대화하기 위해 우리에게 필요한 것은 부와 성공을 창출해내는 습관이다. 습관이란 필요 없을 것같이 느껴지기도 하는, 매일 반복하는 어떤 행동이다. 조깅이 전혀 필요 없을 것 같은 균형 잡힌 몸매의 소유자들이 매일 조깅을 했기 때문에 그런 몸매를 유지할 수 있는 것처럼, 열심히 일하고 남들보다 적게 자고 남들보다 에너지를 더 쏟아부을 필요가 없어 보이는 그런 사람들은, 그렇게 했기 때문에 그럴 필요가 없어 보이는 것이다. 부자들은 결국 부자가 되고 나서도 그들을 만들어주고 지탱해준 습관을 평생 유지하며 살아간다.

『상위 1% 소득자로 가는 석세스존』(위즈덤하우스, 2011)이라는 책에 다음과 같은 내용이 나온다.

"나는 최고의 성공을 가져오는 것이 뛰어난 재능이 아니라 일상적인 행동 습관이라는 사실을 알고 적잖이 놀랐다. 우리가 흔히 생각하는 것과는 반대였다. 성공을 재능과 연관시켜 생각하는 것은 일부 직업에서 비롯된 오해였다. 실제로 스포츠계나 연예계, 예술계처럼 눈에 띄는 재능이 요구되기도 하는 직업이 있지만 이것은 소수이다. 우리는 대부분 재능이 아니라 행동과 노력이 필요한 직업을 선택한다. 따라서 우리의 성공을 판가름하는 것은 재능이 아니라 노력이다. 그러니 재능이 충분한가를 놓고 고민할 필요는 없다. 최고의 성공을 하기 위해 그렇게 많은 재능이 필요하지는 않기 때문이다."

그저 자신의 노력에 큰 가치를 부여하고, 그것을 좋은 핑곗거리로 삼는 것이다. 그만큼 일하지 않고 노력하지 않는 사람은 이 세상에 없다. 그리고 성공한 사람들과 부자들은 평범한 사람들보다 열 배 정도는 더 노력한다. 하지만 중요한 사실은, 그들에게는 그러한 노력이 습관이 되었기 때문에 다른 사람보다 열 배만큼 힘들게 노력하는 것이 아니라 오히려 성취감과 성장, 성공에 대한 기대감으로 더 힘을 내게 되어 에너지 소비가 적다는 것이다.

권투나 격투기에서 상대를 이긴 선수는 없던 힘도 솟아나 의기양양해지고 덜 지친다. 하지만 패배한 선수는 자신이 패배했다고 판가름 나는 순간 있던 힘도 빠지고 극도로 지친다. 인생도 이와 다르지 않다.

실패하고 있다고 생각하거나 아무리 노력해도 성공 가능성이 조금도 없을 때에는 그야말로 에너지 소비가 가장 커지고 지친다. 하지만 성공에 대한 예감이 들고, 성공 가능성이 높아질 때에는 하루 종일 일해도 덜 지치는 법이다.

결국 성공하는 습관은 성공할 수 있게 해주고, 실패하는 습관은 실패를 계속 반복하게 만든다. 부자들은 무엇을 해도 성공할 수 있는 방향으로 습관을 형성한다. 하지만 빈자들은 그렇지 않다. 불필요한 일을 하고, 불필요한 장소에 가고, 불필요한 것을 즐긴다. 휴식은 열심히 일한 사람에게 필요한 것이다. 적당히 일한 사람에게는 휴식이 아니라 더 열심히 일하게 해줄 동기부여가 필요하다.

부자들은 자신에게 불필요한 것이 무엇인지 재빨리 발견하고 그것을 멀리한다. 하지만 빈자들은 자신에게 무엇이 필요하고 무엇이 불필요한지 판단하지 않는다. 그저 눈앞에 닥치는 대로 일을 하고 열심히 산다. 그렇게 살다보면 자신이 왜 그 일을 하고 있는지, 자신이 어디로 가고 있는지 모를 때가 많다.

즉 길게 내다보는 습관, 계획하는 습관, 멀리 통찰하는 습관 등이 빈자에게는 결여되어 있는 것이다. 또한 부자와 빈자의 집에 가보면 그 습관의 차이가 더욱더 드러난다. 부자의 집은 깔끔하고 정리정돈이 잘 되어 있다. 하지만 가난한 사람의 집에 가보면 항상 물건들이 제자리에 있지 않고 어지럽고 약간 지저분하다.

부자들은 필요 없는 물건에 집착하지 않고 버릴 줄 안다. 그래서 집이 깔끔하고 정리가 되어 있다. 하지만 가난한 사람일수록 쓰레기에 가까운 물건들을 버리지 못하고, 평생 사용하지도 않으면서 집안 구석구석에 쌓아놓는다. 물건을 대하는 습관조차도 부자와 빈자 사이에는 엄연히 차이가 있다.

컵에 물이 가득차 있으면 그 어떤 물도 다시 채울 수 없다. 우리의 집도 이와 다르지 않다. 집에 오래되고 가치가 없고 평생 한두 번도 사용하지 않을 물건들이 가득차 있다면 그 집에는 값비싸고 가치 있고 새롭고 좋은 물건들을 채울 수 없다. 그래서 부가 들어오지 않는 것이다.

부자의 집에 가보면 언제나 공간에 여유가 있다. 서랍이든 방이든 빈 공간이 있고 잘 정돈되어 있다. 새롭고 가치 있고 좋은 물건들을 언제든 채울 수 있는 것이다. 이러한 작은 차이가 결국 우리 인생의 부와 가난을 결정짓는다는 사실을 명심해야 한다.

그 사람이 오늘 시간과 돈과 힘을 어떻게 사용하고 있는지를 보면 그 사람의 미래가 보인다. 그 사람이 일상에서 하는 행동과 선택과 활동은 모두 습관에서 비롯되므로 그 사람의 습관을 알면 그 사람의 미래 모습을 짐작할 수 있기 때문이다.

습관은 절대 당신을 배신하지 않는다

세상을 살면서 좋은 인맥을 갖추는 것은 매우 중요하다. 하지만 아무리 좋은 인맥을 갖추었다 해도, 영원한 친구도 없고 영원한 적도 없다는 사실을 명심해야 한다. 다시 말해 인간은 절대 배신하지 않는 동물이 아니라 언제라도 배신할 수 있는 사회적 동물이다.

사실상 인간만큼 배신을 잘하는 동물도 없다. 인간이 그렇게 배신을 잘하는 이유는, 자신의 이성으로 판단해볼 때 어떤 행동이 자신에게 지금 당장 손해가 되고 이익이 되는지 본능적으로 잘 알기 때문이다. 하지만 길게 내다봤을 때는 배신을 하지 않는 것이 더 좋은 선택이었음을 나중에, 뒤늦게 깨닫게 된다.

그런 점에서 절대로 당신을 배신하지 않는 것이 하나 있다면, 그것은 바로 당신이 만들어놓은 습관이다. 하루하루 반복적으로 하는 생각과 행동이 결국 습관이 되며, 일단 습관이 형성되면 그 습관은 당신에게 반드시 보답을 한다. 좋은 쪽이든 나쁜 쪽이든 습관은 상관하지 않는다. 만들어진 그대로 보답한다.

부자와 빈자 사이에서 가장 크게 드러나는 습관의 차이는 시간 관리의 차이다. 하루 24시간이 공평하게 주어지지만 부자들은 24시간을 48시간처럼 사용한다. 그래서 그들은 하루 동안 해낼 수 있는 일과 활동량이 보통 사람들의 두 배 정도 된다. 시간으로 따지면 하루를 48시간처럼 사용하는 것과 다르지 않다.

하지만 빈자들은 똑같이 하루가 24시간 주어지지만 밤에 잘 때 자신이 하루 동안 한 일을 곰곰이 생각해보면 정말이지 한 일이 너무나도 적다는 것을 새삼 발견하게 된다. 보통 사람의 50퍼센트만큼도 시간을 사용하지 못하는 것이다. 그들은 하루를 겨우 12시간 살아가는 것과 다를 바 없다.

겉으로 보면 차이가 나지 않지만 하루하루 삶의 습관이 누적되어 1년이 되고 5년이 되고 10년이 되면, 그때부터는 인간의 힘으로 도저히 따라잡을 수 없을 만큼 큰 격차가 생긴다.

부자들이 하루에 하는 일들은 빈자들이 하루에 하는 일들과 비교하면 몇십 배 더 많다. 하지만 부자들은 절대 투덜거리거나 힘들다고 하소연하지 않는다. 그들은 오히려 바쁘게 살아가는 것을 더 좋아하기 때문이다. 남들보다 몇 배 더 많은 일을 해내는 것을 좋아한다. 인생의 성공은 하루하루를 어떻게 보내느냐에 따라 결판난다고 할 수 있다. 오늘 성공적으로 시간을 잘 보내고, 그러한 오늘을 1년 내내 반복하는 사람은 곧 성공 가도에 오르게 된다.

하지만 요행이나 바라면서 하루하루를 중요한 일도 하지 않고 많은 일도 하지 않고서 보내는 사람들은 결코 성공을 기대할 수 없다. 습관은 절대 우리를 배신하지 않는다. 그래서 하루하루 시간을 알차게 보내는 사람들은 결코 인생에서 패배하거나 낙오하지 않는다. 습관의 힘은 생각보다 훨씬 더 위대하며 놀랍기 때문이다.

심은 대로 거두는 것이 바로 습관이다. 성공으로 이끄는 좋은 습관을 형성하기만 한다면 성공을 보장받은 것이나 다름없다. 반대로 우리를 게으르게 하고, 무기력하게 하고, 우유부단하게 하고, 시간을 낭비하게 하고, 빈둥빈둥 놀게 하고, 텔레비전 시청이나 하게 하는 그런 습관이 몸에 밴다면 그런 습관들조차도 당신을 절대로 배신하지 않는다. 반드시 당신이 가난하게 살도록 도와준다.

부모가 하루에 텔레비전을 네 시간 이상 시청하면 아이들에게는 자연스럽게 부모의 습관이 대물림된다. 그 결과 이런 부모 아래서 자란 아이들은 대부분 중산층 이하의 삶을 살게 된다. 하지만 부모가 하루에 텔레비전을 한 시간도 보지 않는 가정에서 자란 아이들은 자연스럽게 텔레비전을 시청하기보다는 책을 읽거나 공부하는 습관을 들이게 된다. 그래서 이런 가정에서 자란 아이들은 대부분 중산층 이상의 삶을 살게 된다.

이러한 현상이 발생하는 가장 결정적인 원인은, 습관은 절대로 우리를 배신하지 않기 때문이다. 공부를 하는 학생이나 학자 혹은 어떤 분야에서 일가를 이루고 대가가 되어야 하는 사람이 반드시 갖추어야 할 것이 있다면, 그것은 매일 연습과 훈련을 하는 데 자신의 모든 시간과 힘과 마음을 쏟아붓는 것이다. 그런데 그것은 의지로 가능한 일이 아니다.

가장 쉽게 할 수 있는 방법은 바로 습관을 만드는 것이다. 새벽에 일찍 일어나 공부를 하거나 자신의 분야와 관련된 연습과 훈련을 하고, 하루종일 훈련 혹은 공부를 열심히 하고, 자신에게 주어진 시간의 대부분을 낭비하지 않고 쏟아붓는 것은 습관에 의해서만 가능하다.

결국 습관은 우리를 배신하지 않는다는 사실을 보여주는 법칙 중 하나가 '1만 시간의 법칙' 혹은 '10년 법칙'이다. 어떤 분야에서든 최고 수준의 성과와 성취에 도달하기 위해서는, 아무리 그 분야에 타고난 재능이나 기술이 있다 해도 최소 10년 정도는 그 분야를 위해 연습과 훈련을 집중적으로 해야 한다는 것이 '10년 법칙'의 핵심이다.

이러한 사실에 대해 제일 먼저 밝혀낸 사람은 스톡홀름 대학교의 심리학자인 앤더스 에릭슨Anders Ericsson 박사이다. 그는

1990년대에 아주 중요한 법칙을 발표했는데, 그것이 바로 '1만 시간의 법칙'이다.

그는 베를린 음악 아카데미 학생 중에서 세계적인 솔리스트가 될 가능성이 있는 최상급 학생과 음악 교사 수준의 학생들을 나누어 그 차이점을 조사하고는 놀라지 않을 수 없었다. 그가 밝혀낸 사실은, 많은 노력을 하지도 않았는데 최상급 수준으로 도약한 학생은 단 한 명도 없었으며, 이와 마찬가지로 열심히 했는데도 그에 상응하여 두각을 나타내지 못한 학생 역시 단 한 명도 없었다는 것이다.

조금 더 구체적인 자료를 통해 본다면, 솔리스트가 될 가능성이 있는 최상급 학생들은 모두 1만 시간의 연습 시간을 채웠고, 그다음 수준인 훌륭한 연주가 가능한 학생들은 모두 8,000시간의 연습 시간을, 마지막으로 음악 교사 수준의 학생들은 훨씬 더 적은 4,000시간의 연습 시간을 가졌다는 것이다.

하버드 대학교의 교육 심리학자인 하워드 가드너는 다양한 분야에서 거장이 된 이들의 삶을 통해 창조성의 조건을 밝혀냈다. 그가 연구한 결과, 가장 중요한 창조성의 조건은 끊임없이 반복하는 연습과 훈련, 그리고 실험적인 시도를 하는 탐구이며 혁신가적인 자세라고 한다.

어떤 거장이나 10년 이상의 기간 동안 훈련과 연습을 반복하면서 끊임없이 탐구하고 혁신하는 자세를 유지했기 때문에 거장으로 도약한 것이라고 주장한다. 엄청난 양의 훈련과 연습을 하고, 항상 탐구하고 실험하고 도전하고 혁신하는 습관을 지닌 사람은 거장으로 도약할 수밖에 없다는 것이다.

"어느 분야의 전문 지식에 정통하려면 최소한 10년 정도는 꾸준히 노력해야 한다. 창조적인 도약을 이루려면 자기 분야에서 통용되는 지식에 통달해야 한다. 바로 이런 이유에서 10년 정도의 꾸준한 노력이 선행되지 않으면 의미 있는 도약을 이룰 수 없다. 흔히 모차르트는 이 규칙이 적용되지 않는 예외라고 말하지만, 그 역시 10년간 수많은 곡을 쓴 다음에야 훌륭한 음악을 연거푸 내놓을 수 있었다. 우리가 다루는 일곱 명의 창조자들 역시 혁신적인 업적을 이루기 전에 최소한 10년의 수련기를 거쳐야 했다. 물론 더 오랜 세월이 필요했던 인물도 있을 것이다. 그리고 대다수는 또다른 10년 후에 다시 한번 중대한 혁신을 이루었다."(하워드 가드너, 『열정과 기질』)

결국 어떤 숫자나 기간이 중요한 것은 아니다. 하지만 꾸준히 노력하거나 연습하지 않고 천재로 도약한 이는 없다. 피카소나 모차르트 역시 아침에 눈뜨자마자 그림을 그리고 피아노를 쳤을 것이다. 그리고 하루종일 그것을 반복했을 것이고, 잠잘 때가 되어 잠을 자고 아침에 일어나면 또다시 그림을 그리고 피아노를 쳤을 것이다. 결국 이들은 자신이 형성한 습관 덕분에 천재로 도약할 수 있었던 것이다.

이들이 중대한 혁신과 도약을 이룰 수 있었던 것은, 최소한 10년 이상의 기간 동안 형성된 습관의 위력 때문이다. 피카소가 네 살 때 그림을 시작하고서 몇 년 뒤 그만두었다면 우리가 알고 있는 천재 화가는 세상에 존재하지 않았을 것이다. 지속하게 하고, 열정이 식지 않게 하면서도, 큰 에너지 소비 없이 어제 했던 연습과 훈련을 계속할 수 있게 해주는 것, 그것이 바로 습관이다.

'1만 시간의 법칙'이나 '10년 법칙'은 습관의 위력을 단적으로 보여준다. 피카소는 "나는 천재가 아니었습니다. 내가 처음 그린 그림은 아동 전시회에도 걸리지 못했어요"라고 말한 적이 있다. 우리는 피카소 정도의 대가라면 어렸을 때부터 힘들이지 않고 뛰어난 작품을 그려냈을 것이라고 생각할 것이다. 하지만 피카소 역시 네 살이라는 매우 어린 나이에 시작하여 10년을 훨씬 넘는 기간 동안 그림 그리기에 열심히 매진한 결과 대가로 도약하게 되었고, 프로이트 역시 샤르코의 임상 교실에서 견습 생활을 시작하고 나서 10년이라는 긴 세월 동안 노력한 결과 『꿈의 해석』이라는 걸출한 작품을 탄생시킬 수 있었던 것이다.

꾸준함을 이길 수 있는 재능은 없다. 그리고 이 말은 매일 반복할 수 있는 힘, 바로 습관의 힘이 얼마나 대단한지를 의미한다. 그 어떤 재능이나 지능도 습관을 이길 수는 없다. 우리가 어떤 습관을 형성하든 그 습관은 반드시 보상을 해줄 것이다. 이 세상에서 배신하지 않는 것이 하나 있다면, 그것은 바로 우리가 만든 습관이다.

부자로 만들어주는 습관을 길러라

부자들을 잘 살펴보면 그들에게는 공통적인 특징이 있음을 알 수 있다. 그중 하나가 행동하는 데 일정한 틀이 있다는 것이다. 그들은 굉장히 유연하게 사고하며 상황에 잘 대처한다. 하지만 행동하는 데 있어서는 일정한 원칙과 습관이 확고하게 형성되어 있다.

그들에게 형성된 행동 습관은 그들이 일부러 원칙이라고 정해놓고 지키는 것은 아니지만 너무나 확고하게 반복되는 그들만의 특징이기에, 다른 사람들이 보기에는 하나의 원칙과도 같아 보인다. 가령 그들은 결단력이 빠르고, 그로 인해 행동이 과감하고 주저함이 없다. 그래서 사람들은 그들의 행동에 감탄한다.

'어쩌면 저렇게 대담할까?'

'어쩌면 저렇게 결단력이 있을까?'

'어쩌면 저렇게 판단력이 빠를까?'

그런 모습은 심지어 타인으로 하여금 그들이 머리가 너무 좋아서 그런 것이 아닐까 하는 의구심을 품게 한다.

부자로 만들어주는 습관 중에서 반드시 짚어야 할 중요한 습관은 결단력이다. 결단력 있는 사람은 1분 1초도 낭비하지 않고 목표에 집중한다. 그것은 우유부단하고 우물쭈물한 사람들과 비교해볼 때 큰 경쟁력이다.

당신이 어떤 직업을 가진 사람이든 결단력이 있고 없고에 따라 큰 차이를 만들어낼 수 있다. 대학 입시에서 대학에 입학하고 떨어지는 그 차이를 가르는 것은 한두 문제이다. 올림픽에서 단거리 달리기의 메달 색깔을 결정하는 것은 0.1초 차이이다. 하지만 금메달과 은메달의 차이는 엄청나게 크다.

일등과 이등은 실력에서는 거의 차이가 없는데도, 일등이 독식하는 사회 양상이 심각해지고 있다. 부자와 빈자의 차이는 갈수록 더 벌어지고 있다. 빈자들은 점점 더 돈 벌기가 힘들 뿐만 아니라 벌 수 있는 돈도 매우 적다. 빚만 더 불어나는 것이다. 하지만 부자들은 그 반대다. 일을 거의 하지 않아도 갈수록 돈이 불어난다. 이것이 부자와 빈자, 승자와 패자의 전혀 다른 모습이다.

중요한 점은, 결단력은 결코 마음과 관련된 것이거나 성격이 아니라 습관에 따라 큰 영향을 받는다는 사실이다. 내성적이거나 외향적인 성향도 어떤 행동을 반복하면서 바뀔 수 있다. 결단력도 이와 다르지 않다. 오히려 결단력은 습관에 더 가깝다.

어떤 일을 할 때 우물쭈물하며 우유부단한 행동을 한두 번 한 사람은 결국 그것이 자신의 성격이 되고 습관이 되어버린다. 하지만 어떤 일을 할 때 과감하게 결단하고, 결단한 일에 대해 번복하지 않고 빠르게 행동하는 것을 몇 번 반복적으로 행하면 결단력 있는 행동이 습관이 되고 제2의 천성이 된다.

부자들의 습관 중에서 빼놓을 수 없는 습관은 '공부하는 습관'이다. 공부하는 습관은 결국 독서와 떼놓을 수 없다. 유태인의 인구 비율은 전 세계 인구의 0.2퍼센트에 불과할 정도로 매우 적지만, 미국의 금융을 비롯해 전 세계 부의 30퍼센트 이상을 유태인이 차지하고 있다고 말해도 과언이 아닐 것이다. 정확한 수치는 아닐 수도 있다. 하지만 여기서 말하고 싶은 것은 그들의 인구나 그들이 차지한 부의 정확한 비율이 아니라 그들이 어떻게 그렇게 많은 부를 누리게 되었느냐 하는 것이다.

그 비결은 그들이 '책의 민족'이라는 사실에 있다. 유태인은 책을 가까이한다. 그들에게서 책을 떼어놓는다면 그들을 설명할 수 없다. 그만큼 그들은 책의 민족이며 책에 의해 만들어진 민족이다. 그들에게는 『토라』가 있고 『탈무드』가 있다.

부자가 되는 최고의 습관은 공부이다. 공부를 한다고 해서 분야를 한정 지을 필요는 없다. 공부를 하다보면 모든 것이 연결되어 있다는 것을 깨닫게 되기 때문이다. 어떤 이는 투자에 대해 공부하면서 투자 철학을 가지라고 조언하고, 어떤 이는 고전을 많이 읽으라고 조언하고, 어떤 이는 금융 지식에 대해 공부하라고 조언한다. 모두 맞는 말이다.

작년에 세계에서 가장 많은 연봉을 받은 투자의 귀재 조지 소로스는 철학을 공부했다. 밑바닥 생활을 하던 조지 소로스는 철학 공부를 통해 갑부가 되었다.

그는 영국 런던에서 9년간 패배자 같은 삶을 살았다. 접시 닦이, 웨이터, 공장 노동자, 농장 노동자, 수영장 안내원, 철도역 짐꾼 등과 같은 일을 하면서 살았다. 그런데 그를 이러한 삶에서 벗어나게 해준 것은 다름 아닌 독서였다. 영국에서 밑바닥 생활을 한 이후 미국에서 직장 생활을 하게 되면서도 그는 손에서 책을 놓지 않고 독서에 몰두했다. 독서에 너무 몰두했기 때문인지 몰라도 그는 자주 해고당했다. 하지만 그는 독서를 통해 얻은 혜안과 통찰력으로 지금은 세계에서 가장 높은 연봉을 받는 사람이 되었다. 그는 재작년에 연 수입으로 3조 6,000억 원을 벌었다. 지금은 20세기 최고의 펀드 매니저로, 30년 전에 비해 5,000배 이상을 벌어들이게 되었고 투자 분야에서 전설이 되었다. 그는 증권 분석사 자격시험에도 떨어졌지만 평생 철학 책을 손에서 놓지 않았다. 그 결과 그는 부자가 되었다.

"나의 모든 금융 능력은 철학에서 나왔다."

우리는 그의 말을 새겨야 한다. 철학이란 무엇인가? 철학은 생각하는 법이다. 사고력을 향상시키려면 어떻게 해야 할까? 다양한 사람을 만나고, 다양한 경험을 하고, 다양한 사상을 접하고, 다양한 장소에 가봐야 한다. 그런 것이 사고력의 재료가 되기 때문이다.

좋은 집을 짓기 위해서는, 특히 큰 건물을 짓기 위해서는 좋은 설계도와 함께 자재들이 충분히 있어야 한다. 1층 집을 짓기 위해서는 그만큼의 자재가 있어야 한다. 그리고 63층 건물을 짓기 위해서는 몇십 배 더 많은 자재가 필요하다.

큰 생각을 하기 위해서는 생각의 재료들이 많이 있어야 한다. 다양한 사람을 만나고, 다양한 경험을 하고, 다양한 사상을 접하면 좋겠지만, 우리가 살면서 직접 만나고 경험할 수 있는 것들은 매우 한정되어 있다. 시간과 공간, 사회적 지위의 한계 때문이다.

지금 이 시대의 위대한 인물들, 가령 버락 오바마를 평생 한 번이라도 만나 이야기 나눌 기회가 과연 올까? 빌 게이츠나 워런 버핏은 또 어떨까? 오죽했으면 스티브 잡스는 소크라테스와 점심식사를 함께 할 수 있다면 애플의 모든 기술과 바꿀 용의가 있다고 말했을까?

다양한 사람, 다양한 경험, 다양한 사상, 다양한 인생을 접하는 것은 매우 중요하다. 그런 것들은 가치를 매길 수 없다. 이러한 경험을 가능하게 해주는 것은 결국 책뿐이다. 그렇기 때문에 부자들은 회사에서 쫓겨나더라도 책을 읽는다. 그래서 부자들 혹은 위대한 지도자들은 전쟁터에서도, 밥상에서도, 아파서 고통받는 병상에서도 책을 손에서 놓지 않고 읽고 또 읽는다.

이 사실을 통해 배워야 할 중요한 점은, 공부하는 습관이 조지 소로스를 갑부로 만들어주었고, 세종대왕을 위대한 왕으로 만들어주었고, 버락 오바마를 흑인 최초의 미국 대통령으로 만들어주었고, 워런 버핏을 최고의 투자가로 만들어주었다는 사실이다. 부자들은 모두 공부를 열심히 하는 습관, 독서 습관이 몸에 밴 사람들이다.

당신을 부자로 만들어주는 습관 중 하나는, 절대로 변명이나 핑계를 대지 않는 것이다. 부자들은 어떤 일을 하다 잘못되더라도 절대로 변명을 하거나 궁색한 핑계를 대지 않는다. 그들은 왜 실수를 했고 왜 일이 잘못되었는지 본질을 꿰뚫어보고, 그 원인과 이유에 대해 연구하고 파헤쳐 교훈을 얻는 데 더 집중한다. 하지만 가난한 사람들은 그렇지 않다.

그들은 그저 변명하고 핑계를 대는 데 집중하여, 어떻게 변명하고 핑계를 대면 자신의 잘못이 좀더 줄어들고 자신의 부족함과 과오가 드러나지 않을지 고민한다. 이들의 생각과 부자들의 생각은 그 성격이 전혀 다르다.

결국 생각의 차이는 행동의 차이를 낳고, 반복된 행동은 습관으로 굳어진다. 우리를 부자로 만들어주는 습관을 정리해보면 다음과 같다.

• 부자로 만들어주는 생각 습관

— 긍정적으로 생각하는 습관

— 반드시 성공할 것이라고 생각하는 습관

— 반드시 눈부신 미래가 올 것이라고 생각하는 습관

— 다음에는 더 잘될 것이라고 생각하는 습관

— 세상은 풍요롭고 기회는 언제든 있다고 생각하는 습관

— 자신이 최고라고 생각하는 습관

— 반드시 해결책이 있다고 생각하는 습관

— 모든 책임은 자신에게 있다고 생각하는 습관

— 크고 넓고 길게 생각하는 습관

• 부자로 만들어주는 행동 습관

— 오늘 할 일을 절대로 미루지 않는 습관

— 우물쭈물하지 않는 습관

— 결단력 있게 실천하는 습관

— 변명이나 핑계를 대지 않는 습관

— 말한 대로 행동하는 습관

— 부정적인 말을 하지 않는 습관

— 정리 정돈을 잘하는 습관

— 적당히 하고 그만두지 않는 습관

— 과감하게 행동하는 습관

• 부자로 만들어주는 자세와 관련된 습관

— 항상 배우려는 자세와 태도

— 항상 책을 읽는 자세와 태도

— 항상 타인의 말을 경청하는 자세와 태도

— 항상 겸손하고 여유 있는 자세와 태도

— 항상 계획하고 준비하는 자세와 태도

— 항상 타인을 배려하고 이해하려 하는 자세와 태도

— 항상 세상만사를 통합적으로 바라보려 하는 자세와 태도

부자에게는
부자의 습관이 있다

부자들, 성공한 사람들에게서 찾아볼 수 있는 습관 중에서도 독특한 습관은 '기록하는 습관'이다. 그들은 메모지와 펜을 항상 가지고 다니면서 기록을 한다. 여기서 그들의 적극적이고 능동적인 자세를 엿볼 수 있다. 유명한 CEO들 중에는 메모광이 많고, 정치인 중에도 수첩에 메모하는 것을 선호하는 이가 적지 않다.

분야를 막론하고 자기 분야에서 큰 성공을 거둔 사람은 모두 메모광이다. 발명왕 에디슨도 그렇고, 천재 중의 천재로 꼽히는 레오나르도 다빈치도 메모광이었다. 에디슨이 평생 기록한 메모 노트가 3,400권이나 발견되었다고 한다. 이들뿐만 아니라 현대의 위대한 경영자들 중에도 메모광인 사람들이 많다.

메모하고 기록하는 습관은, 그 사람의 마음 자세와 태도를 그대로 대변하기에 중요하다. 빈자들은 대충 살아가려는 마음 자세와 태도를 가지고 있다. 그래서 그러한 마음 자세와 태도를 가진 사람은 절대 메모하거나 기록하지 않는다. 그런 사람들은 메모하는 것을 매우 귀찮고 성가신 일로 여긴다. 그래서 가난한 사람 중에는 그러한 습관을 지닌 이를 찾아보기 어렵다.

가난한 사람들이 메모지를 꺼내 기록하는 것을 꺼리는 것은 귀찮기 때문이기도 하지만, 그보다 더 중요한 이유는 그렇게 적극적으로, 열정적으로 살아가는 습관을 들이지 못했기 때문이다. 그 결과 평생 가난하게 살아가게 되는 것이다.

이러한 습관은 자신의 회사를 경영하거나 자신의 일을 해보지 않고 타인의 회사에서 시키는 일을 수동적으로 하는 기간이 오래 지속될 경우 굳어진다. 하지만 부자들은 다르다. 놀랍게도 매우 적극적이고, 열정적이고, 대충 살지 않는다. 항상 메모지나 수첩을 가지고 다닐 정도로 일과 인생에 적극적이며, 어떤 상황에서도 필요할 때마다 기록하고 또 기록한다.

우리가 이런 사람들을 무서워해야 하는 이유는, 이들이 기록한 내용 때문이 아니라 이들의 자세 때문이다. 이런 자세를 가진 사람들은 어떤 일이든 해낼 수 있는 무한한 에너지를 갖고 있다.

부자들의 공통적인 습관 중에서도 대표적인 습관 하나는 '긍정적이고 적극적인 사고 습관'이다. 이는 우리를 부자로 만들어주는 생각과는 다르다. 부자로 만들어주는 생각이란 그 생각 자체에 대한 이야기라고 할 수 있다면, '긍정적이고 적극적인 사고 습관'은 삶을 살아가면서 어떤 일에 도전할 것인지 그냥 포기할 것인지를 결정해주는 태도와 자세에 관련된 것, 즉 방법과 방식에 관한 것이라고 할 수 있다.

긍정적이고 적극적인 사고를 하지 않는 사람은 도전하지 않고 안주하는 삶을 살아간다. 그렇기 때문에 부자가 될 수 없다. 모든 성공과 부는 도전하는 사람의 것이다. 실패하더라도 도전하게 해주는, 긍정적이고 적극적인 사고 습관은 부자가 되는 과정에서 매우 중요하다.

사고방식이 긍정적이어야 자신을 믿을 수 있다. 그리고 자신을 믿을 수 있어야 세상을 올바르게 내다볼 수 있다. 편협한 사고에서 벗어나 세상을 넓고 멀리 내다볼 때, 우리는 실패한다 해도 다시 도전할 수 있다. 모든 성공은 실패를 발판으로 한다. 그렇기 때문에 실패에 내성이 없는 사람은 절대 성공을 꿈꿀 수도 없고 이룰 수도 없다.

그렇기 때문에 부자가 되기 위해서는 무엇보다도 긍정적으로 사고하는 습관이 몸에 배어 있어야 한다. 긍정적으로 사고하는 습관은 나약함을 극복할 수 있게 해준다. 그것은 우리로 하여금 어떤 일이든 해낼 수 있는 초석이 되어준다. 나약함을 극복할 때 우리는 자신감을 얻는다.

긍정적인 사고 습관을 지닌 사람은 스스로를 돕는 유형이다.

하늘도 스스로 돕는 사람을 돕는다. 긍정하는 사고 습관을 지닌 사람은 돈을 벌 수 있는 기회가 자꾸 생길 뿐만 아니라 돈을 벌 수 있는 기회를 스스로 창출해내게 된다.

나는 부자들만 갖고 있는 습관 중에서도 '최고 지향적인 습관'에 주목한다. 그들은 무엇을 하든 최고를 선호하고, 최고를 추구하고, 최고를 고집한다. 그래서 그들이 최고가 되는 것이라고 생각한다.

부자들은 가장 좋은 것에 집중하고, 산의 중턱이 아닌 정상까지 올라가는 습관이 있고, 적당한 것이 아닌 최고의 것에 매료된다.

"인생이라는 녀석은 재미있는 구석이 하나 있다. 모든 걸 마다하고 최고만 받아들이려고 고집하면 대체로 최고를 얻는다."

영국의 작가 서머싯 몸의 말처럼 최고만 받아들이려고 고집을 부리는 습관이 있다면 최고만을 얻게 된다. 가난한 사람들이 최악의 것만을 받아들이고 최악의 인생에 길들여지는 이유는 최고를 고집하지 않기 때문이다. 가난한 사람들을 살펴보면 누구보다 합리적이고, 누구보다 능력이 있고, 누구보다 이성적이다. 하지만 그럼에도 불구하고 그들은 평범하게 살아간다. 심지어 생활고에 시달린다. 그렇게 살아가는 이유 중 하나는, 최고를 추구하는 습관이 부족하기 때문이다. 최고를 추구하는 습관이 부족한 사람들은 적당히 돈을 벌면 그에 만족하고 안주해버린다. 적당히 좋은 것에 만족해버리면 더이상 도전하거나 발전할 수 없다.

최고의 부자들은 항상 배고프다고 말한다. 그들은 최고를 고집하기 때문에 적당히 좋은 것에 만족하지 않는다. 그래서 그들의 삶은 최고인 것들로 가득차게 된다. 여기에는 재미있으면서도 놀라운 사실이 숨어 있다. 우리가 최고를 추구하고 최고를 고집한다는 것은 결국 자신도 최고가 되겠다는, 혹은 자신도 최고라는 심리가 기저에 깔려 있는 것이다. 자신이 최고로 도약하겠다는 생각과 자신은 최고라는 생각은 자신감과 도전 의식을 심어준다.

부자들은 인생에서 나쁜 것에 집중하지 않고 좋은 것에만 집중한다. 그래서 그들은 다른 사람들이 나쁜 것에 집착하면서 낭비하는 에너지와 감정과 힘을 고스란히 좋은 것을 창출해내는데 사용한다. 나쁜 면이 아니라 좋은 면만 바라보는 습관은 그들로 하여금 항상 감사하는 습관을 형성하게 해주고 불평불만을 품지 않게 한다.

좋은 면만 바라보는 습관은 인생을 긍정으로 가득차게 해준다. 긍정으로 가득차 있는 인생은 부정으로 가득차 있는 인생보다 훨씬 더 살기 좋고 즐거우며 성공할 확률이 높고, 무엇보다도 자기 자신이 행복하게 살아갈 수 있다.

부자는 타고나는 것이 아니라 좋은 습관을 통해 만들어진다.

그렇기 때문에 부자가 되고 자신의 인생을 최고로 만들 수 있는 습관을 가져야 한다.

저 사람이 부자가 될 것인지 아니면 평생 가난하게 살 것인지는, 그 사람이 오늘 어떤 행동을 하면서 어떤 생각을 하고 하루를 어떻게 보내는지 살펴보면 알 수 있다. 부자들은 특별하다. 그들은 절대 오늘 할 일을 내일로 미루지 않는다. 오늘 해야 할 일을 매우 효율적으로, 효과적으로, 그리고 능수능란하게 해낸다. 한마디로 탁월하다. 그들은 자신이 하는 일을 예술로 만든다. 그래서 그들은 부자가 되는 것이다.

하지만 가난한 사람들은 시간이 많이 남아 있다고 어영부영 하루를 보내고 만다. 결국 마지막 마감 시한에 헐레벌떡 힘들게 일하는 경향이 있다. 이런 습관을 지닌 사람들은 결국 자신의 재능과 창조력을 100퍼센트 발휘하지 못한다. 마감 시한에 맞춰 어떻게든 일을 끝내는 것이 중요하기 때문이다.

"하루는 두 번의 내일과 맞먹는 가치가 있다."

부자들은 이를 잘 알고 있다. 그래서 오늘 할 일을 절대로 내일로 미루지 않는다. 부자와 가난한 사람들은 행동하는 것도 다르다. 당신이 알고 있는 부자들과 가난한 이들에게 동시에 동일한 내용의 전자우편을 보내보라. 부자일수록, 크게 성공한 사람일수록 답장이 빨리 온다. 하지만 가난하게 사는 사람일수록 답장이 늦게 온다.

부자들이 가지고 있는 공통된 습관은 이런 것들이다. 그들은 모두 결단력이 있고, 결단한 일은 조금도 망설이지 않고 실행에 옮기는 행동력이 있다. 또 그들은 실패를 두려워하지 않는다. 그 결과 그들은 도전하고 시도하고 움직인다. 그리고 실패하더라도 또다시 도전하고 시도하고 움직인다. 과거나 실패에 집착하지 않고 타인의 시선에 연연하지도 않는다. 자기 자신을 누구보다 믿고 신뢰하는 습관과 마음 자세를 가지고 있다. 그렇기 때문에 그들은 쉽게 무너지지 않는다.

부자들은 모두 자긍심이 대단하다. 하지만 결코 자만하지 않는다. 그래서 계속해서 배우기 위해 책을 읽고, 타인의 말을 경청하고, 부족함을 알기에 겸손한 자세를 취하는 경향이 있다.

가난한 사람들은 우유부단하고 결단력이 없고 무엇을 하든 망설인다. 타인의 말을 경청하지 않고, 타인의 소중한 경험과 지혜가 담긴 책을 읽지도 않는다. 실패를 두려워하고, 다른 사람을 부러워하는 습관이 있다. 특히 그들은 자기 자신을 신뢰하지 않는 습관이 있다. 이것이 가장 나쁜 습관이라고 할 수 있다. 가난한 이들은 실패를 두려워하고 멀리한다. 가장 중요한 사실은 실패를 부끄럽게 여기고 숨기려 한다는 것이다. 그래서 실패를 아무리 많이 해도 그것을 통해 배우는 것이 하나도 없다.

반면 부자들은 실패를 싫어하지 않는다. 실패를 두려워하지 않는다. 실패를 즐기기까지 한다. 실패를 부끄러워하거나 숨기려

하지 않는다. 실패는 결코 자신을 대변하는 것이 아니라고 생각하기 때문이다. 그리고 성공을 해도 그 성공이 자신을 대변하는 것이 아니라고 생각하기 때문에, 실패해도 움츠러들지 않고 성공해도 자만하지 않는다. 그래서 실패를 통해 많은 것을 배운다. 그들은 가난한 이들과 출발선상에서는 비슷하지만 10년 후에는 비교가 불가능할 정도로 엄청나게 성장한다. 실패를 많이 하면 할수록 그들은 크게 성공할 수 있는 사람으로 한 단계씩 꾸준히 성장해나간다.

가난한 이들의 습관 중 하나는 시련이나 역경을 만났을 때 쉽게 포기해버리고, 그 시련에 굴복당하고 주눅이 든다는 것이다. 그럴 경우 실패에서 아무것도 얻지 못할 뿐만 아니라 자신감마저 잃고 만다. 하지만 부자들은 다르다. 시련과 역경을 만날수록 그들은 더 자신감이 생기고 더 많은 것을 얻는다. 시련과 역경에 굴복당하지 않고 더 강해지기 때문이다.

빈자들은 어떤 문제를 만났을 때 회피하려 하는 경향이 있다. 그리고 자기 스스로 주도적으로 일하려 하지 않는 경향이 있다. 누군가로부터 지시받은 일만 하려는 습관이 있고, 적당히 하려는 습관이 있다. 하지만 부자들은 다르다. 그들은 어떤 문제를 만나면 절대 회피하지 않는다. 정면 돌파하는 것을 좋아하고, 끝까지 그 문제를 붙잡고 해결하려고 모든 노력을 기울인다. 지시받는 것을 좋아하지 않는다. 스스로 선택하고 행동하는 주도적인 사람이 되려고 한다. 어떤 일을 하든 적당히 하는 것을 가장 싫어한다.

인생을 살다보면 누구나 시련을 겪고 실패하기도 한다. 하지만 부자가 될 수 있는 사람과 평생 가난하게 살아가게 되는 사람은 반응이 전혀 다르다. 시련과 실패 앞에서 끝이라고 생각하고 운이 없었다고 생각하는 사람은 평생 달라질 것이 없다. 계속 가난하게 살 수밖에 없다. 하지만 실패와 시련을 만나도 이제부터 시작이라고 생각하고, 시련과 실패를 통해 좋은 교훈을 얻었다고, 좋은 경험을 했다고 생각하는 사람, 자신은 다시 도전할 수 있고 시작할 수 있기에 운이 좋다고 생각하는 이는 부자가 될 수 있다.

우리의 인생을 결정하는 것은 지금 이 순간의 시련과 실패가 아니라 그후에 우리가 선택하는 생각과 태도, 즉 행동들이다. 그리고 이러한 행동들은 결국 반복되게 되어 있고, 몇 번 반복된 후에는 습관으로 굳어진다.

우리는 사무라이에게서 그들의 단순한 신념과 주저 없는 행동 습관을 배울 필요가 있다. 부자가 될 수 있는 사람은 대개 그런 유형이기 때문이다. 진정한 부를 이루는 100가지 원칙을 다룬 책인 『부의 잠언』(세종서적, 2008)에서는 절대 꾸물거리지 말라고 조언한다.

"사무라이는 단순한 신념으로 살았다. 주저함도, 의심도, 놀람도, 두려움도 없었다. 일단 행동의 방향을 결정하면 주저 없이 뛰어들 것을 요구한다. 먼저 필요한 모든 정보를 확보하라. 그리고 두려움 없이 주저하지 말고 바로 진행하라. 사무라이들의 칼싸움을 본 적이 있는가? 서로 상대의 주위를 돌다가 어느 순간 벼락처럼 싸움이 시작된다. 격렬한 폭력의 질풍이 몰아치고, 그리고 싸움은 끝난다. 한쪽, 또는 다른 쪽, 또는 양쪽이 죽어 있다. 탐색은 준비 과정이 아니다. 수년 세월 동안 훈련을 통해 완성된 기술이다. 그들은 돌면서 적을 정탐하고 적을 당혹케 한다. 그리고 별안간 공격이 시작된다. 그 순간만큼은 단호하고 신속하고 주저함이 없다. 아는가, 당신의 재정 계획 역시 그들의 검날 같아야 한다."(리처드 템플러, 『부의 잠언』)

실패하더라도 주저하지 않고 과감하게 실천하는 사람이 부자가 될 확률이 높다. 그리고 실제로 그런 사람들이 부자가 된다.

대범한 삶은 오래가지 못할지도 모른다. 그러나 조심스러운 삶은 삶이 아니다.

_리처드 브랜슨

부유한 자들이 부유한 것은 그들이 가진 고도의 적응력 때문이고, 부자는 단지 그러한 우월성의 수혜자일 뿐이다. 한 사람이 부유해질 수 있는 것은 그가 다른 사람들보다 강하고 우월하기 때문이다. 그리고 어떤 사람들이 가난한 것은 그들이 생존경쟁에서 도태되었기 때문이다.

_허버트 스펜서

저 사람들은 왜 가난을 선택했을까?

_백악관 앞의 노숙자들을 보고 레이건 전 미국 대통령이 한 말

3부

부자로 만드는 '부의 법칙'의 비밀

부자들은 모두 무엇인가에 미쳤다 -'불광불급'의 법칙

부자가 된 사람들은 놀랍도록 비슷하다. 그래서 그것은 하나의 법칙이 되고도 남는다. 반면 가난한 사람들은 너무도 다르다. 너무나 제각각이어서 가난하게 되는 데에는 그 어떤 법칙도 발견할 수 없다. 그저 아무 생각 없이 하루하루 살아가면 100퍼센트 가난해진다.

이는 행복한 가족들이 모두 엇비슷한 것과 같은 양상이다. 톨스토이는 『안나 카레니나』에서 다음과 같은 명언을 남겼다.

"행복한 가정은 모두 엇비슷하고, 불행한 가정은 불행한 이유가 모두 제각각이다."

당신이 지금 가난하다면 반드시 고쳐야 할 한 가지가 있다. 지금까지 해오던 방식대로 살아가면 결코 어제와 다른 삶을 살 수 없다. 어제까지 해오던 방식을 과감하게 버리고, 지금까지 평생 한 번도 실행하지 않았던 방식, 즉 부자의 방식대로 살아가야 한다.

부자가 된 사람들의 삶의 방식은 하나의 법칙이라고 할 수 있을 정도로 비슷하다. 그것을 한마디로 하면 다음과 같다.

"죽거나 살거나 죽을 때까지 한다."

부자들은 한번 시작하면 적당히 하지 않는다. 그리고 그들은 무엇이든 '한번 해보지 뭐!'라고 생각하지 않는다. 하면 끝까지 하고, 안 하면 끝까지 안 한다. 무슨 일이든 죽기 살기로 하는 것이다. 그것이 그들을 만든 법칙이다.

영화 〈스타워즈: 제국의 역습〉(1980)에서 '요다'가 다음과 같은 말을 하는 대목이 나온다.

"한번 해보겠다는 정신으로는 안 돼. 하거나 안 하거나 둘 중 하나야. 그러니 선택해."

우리에게 필요한 정신이 이것이다. '그저 한번 해보지 뭐!'라는 생각으로는 어떤 일도 해낼 수 없다. 우리에게 필요한 것은 '반드시 해낸다' '죽을 때까지 한다'는 정신이다.

이런 이유에서, 위대한 성공을 거둔 사람들이 '불광불급不狂不及'을 강조하는 것이다. 이 세상에 그 어떤 것도 '미치지 않으면 미칠 수 없기' 때문이다. 부자들은 이것이 자신을 부자로 만든 법칙이라는 사실을 잘 알고 있다.

부자들을 보라. 그들은 모두 한 가지 일에 미친 사람들이다.

바로 이것이 그들이 지닌 공통점이다. 그들은 모두 똑같다. 무엇인가에 모든 것을 쏟아부을 만큼 미친 사람이다.

워런 버핏의 경우 그는 투자에 미쳤다. 그는 밖에 나가 또래들과 놀거나 장난감 같은 것에 열광해야 할 어린 나이에 거실에 있는 아버지의 경제 경영 서적을 모두 독파했다. 그리고 그는 돈에 미쳤다. 그는 여섯 살 때부터 돈을 벌기 시작했다.

그는 여섯 살 때 식료품점을 하던 할아버지에게서 껌을 얻어 팔았다. 여덟 살 때에는 길거리에서 병뚜껑을 모으기 시작했다. 온갖 종류의 병뚜껑을 모으면서 분류와 통계에 서서히 미치기 시작했고, 숫자와 통계에 정통한 인물이 될 수 있었다.

빌 게이츠 역시 어렸을 때부터 컴퓨터에 미친 사람이었다. 신나게 놀아야 할 나이에 컴퓨터에 열광했고, 하루에 열 시간 이상 프로그래밍을 하면서 자랐다.

피카소의 경우에도 다르지 않았다. 그는 어렸을 때부터 그림 그리기에 미쳐 있었다. 젖을 먹던 유아기 때부터 붓과 물감을 손에 쥐었다.

골프의 황제 타이거 우즈도 마찬가지다. 그는 피카소처럼 젖을 떼기 전에 이미 골프채를 갖고 놀기 시작했다. 그리고 세 살 정도가 되었을 때 스윙 연습을 하기 시작했고, 네 살 때에는 어린이 골프 대회에 출전했을 정도로 골프에 미친 아이였다.

주식이나 투자에서 큰 성공을 거둔 사람들도 다르지 않다. 그들이 가장 좋아하는 것 혹은 그들이 가장 많은 시간을 투자하면서 완전히 몰두하는 것이 바로 주식과 투자이다. 자신이 하는 일에 완전하게 미치는 것! 이것이 부자를 만드는 법칙이다.

우리가 얼마나 높게 올라갈 수 있는지, 얼마나 큰 부자가 될 수 있는지는 능력이 아니라 태도가 결정한다. 우리는 무엇인가에 미칠 정도로 완전히 빠질 필요가 있다. 그렇게 할 때 능력의 부족이나 그것을 할 수 없는 온갖 근거들이 눈에 보이지 않기 때문이다. 그러한 것들이 보이지 않을 때 무엇이든 해낼 수 있다.

우리는 뭔가를 할 수 없다는 사실에 무지해야 할 필요가 있다. 우리가 무엇을 하려 하든 그것을 해낼 수 없는 수만 가지 이유와 근거가 눈에 들어오지 않아야 한다. 단 한 가지, '우리는 반드시 그것을 해낼 것'이라는 사실만이 눈에 들어와야 한다. 과학적으로, 공기 역학적으로, 이론적으로는 절대 날 수 없는 '호박벌bumblebee'처럼 말이다.

호박벌은 몸집이 크고 뚱뚱하다. 날개는 그에 비해 지나치게 작고 가볍다. 이론적으로는 절대로 날 수 없다. 하지만 호박벌은 그냥 날아다닌다. 이것이 바로 그들의 '저스트 두 잇(just do it)' 정신이고 자세이다.

그들은 일주일에 1,600킬로미터를 날아다닌다. 한 마리의 평균 몸길이가 2.5센티미터에 불과하다는 사실을 놓고 보면 엄청난 거리다. 서울과 부산의 거리가 대략 400킬로미터라는 점을 감안할 때 이 작은 벌은 일주일에 서울과 부산을 두 번이나 왕복하는 셈이다.

무엇인가에 미친 사람들이 우리가 보기에는 도저히 그 일을 해낼 능력의 소유자가 아님에도 보란듯이 해내는 이유가 바로 그들에게는 호박벌과 같은 정신이 있기 때문이다.

우리가 부자들의 법칙인 '불광불급'의 법칙을 따른다면 좀더 강해지고 경쟁에서 좀더 유리해진다. 그것이 부자가 되는 최고의 방법이다.

"부유한 자들이 부유한 것은 그들이 가진 고도의 적응력 때문이고, 부자는 단지 그러한 우월성의 수혜자일 뿐이다. 한 사람이 부유해질 수 있는 것은 그가 다른 사람들보다 강하고, 우월하기 때문이다. 그리고 어떤 사람들이 가난한 것은 그들이 생존경쟁에서 도태되었기 때문이다."

영국의 철학자 허버트 스펜서의 이 말은 우리가 무엇인가에 미칠 정도로 집중할 때 왜 부자가 될 가능성이 높은지를 잘 설명해준다.

부자들은 모두 크게 생각한다 -'씽크 빅'의 법칙

세계에서 가장 성공한 부동산 투자가는 누구일까? 지금까지는 도널드 트럼프일 것이다. 그를 그토록 성공하게 해준 것은 무엇일까? 그것은 바로 '크게 생각하는 것'이다. '크게 생각한다는 것'은 외형적인 크기만을 의미하는 것이 아니다. 돈을 벌 수 있도록 제대로 생각한다는 것도 포함하고 있다. 부에 대해 올바른 인식을 갖고 있고, 세상의 본질을 꿰뚫어 볼 수 있는 통찰력과 혜안이 있어야 '크게' 생각할 수 있다.

대부분의 수익은 안정과 노력에서 나오는 것이 아니라 위험과 모험에서 나온다는 세상의 이치를 이해해야 한다. 이러한 사실을 의식할 때 크게 생각할 수 있다. 크게 생각한다는 것은, 남과 다른 탁월한 방법을 생각해내고 그것을 실천하여 부자가 되고 성공한다는 것을 의미한다.

부자가 되고 수익을 남기고 성공한다는 것은 한마디로 위험을 감수한 데 대한 보상이며, 남들이 하지 않는 것을 시도하고 모험한 것에 대한 보상이라고 할 수 있다. 이것이 '씽크 빅'의 토대가 되는 전략이다.

'씽크 빅', 즉 크게 생각하기 위해서는 과감해져야 한다. "영광의 순간을 경험하고 싶다면 과감해져야 한다. 설령 실패하더라도 어정쩡한 삶을 산 이들보다 훌륭하다"라는 시어도어 루스벨트의 말을 명심해야 한다.

'크게 생각한다는 것'은 뉴질랜드에서 겨울이 오기 직전에 양털을 깎는 것과 같다. 평범하게 생각하는 것이 아니라 조금은 남다르게, 특별하게 생각한다는 것이다. 그리고 그렇게 생각하는 이유는, 그것이 생존과 번영의 길이기 때문이다.

더운 여름이 올 때 털을 깎아주면 양이 시원해하고 털이 더 잘 자랄 텐데, 왜 추운 겨울이 오기 직전에 양털을 깎아주는 것일까? 그것은 부자들의 생존 법칙과 원리가 비슷하기 때문이다. 부자들의 생존 법칙은 자신을 날마다 벼랑 위에 세우는 것이다. 그리고 좀더 나아가, 매일 벼랑에서 스스로 뛰어내리는 것이다. 그렇게 뛰어내려야만 자신이 하늘을 날 수 있다는 사실을 제대로 깨닫게 될 뿐만 아니라 실제로 하늘을 날기 때문이다.

자신을 벼랑에 세우지 않는 사람들은 자신이 밟고 서 있는 안전한 땅을 의지한다. 의지할 땅이 있기 때문에 그들은 하늘을 날아야 할 필요성을 느끼지 못한다. 그 결과 그들은 평생 걸어다닌다. 문제는 하늘을 날아다니는 사람들이 모든 것을 독차지하는 세상이라는 것이다. 즉 당신이 가진 것을 그들에게 다 빼앗기게 되는 셈이다.

양들의 경우에는 털이 생명과 직결되어 있다. 자신의 따뜻한 털을 믿고 있는 양들은 겨울에 털을 믿고 잠을 자다 얼어 죽는다. 하지만 털을 다 깎인 양들은 자신이 벼랑 위에 서 있는 꼴이라는 것을 잘 알고 있다. 추위를 견디지 못하면 죽는다는 것을 알기에 부지런히 움직인다. 그 결과 털이 있는 양들은 얼어 죽지만, 털이 없는 양들은 훨씬 더 건강하게 겨울을 난다.

부자를 만드는 '씽크 빅'의 법칙은 한마디로 '크게 생각하여 벼랑 위에 자신을 세우는 법칙'이다. 크게 생각한다는 의미에서 부자들은 모두 큰 숫자를 좋아한다. 재미있는 사실은, 큰 숫자를 좋아하는 만큼 그만큼의 부자가 된다는 것이다.

부자와 평범한 사람을 살펴보면 재미있는 사실을 발견할 수 있다. 부자들은 크게 한 번씩 넘어지는 경우가 있다. 평범한 사람들은 셋집이어도 잠잘 집이 있고 먹을 것이 있지만, 부자들은 망하면 쫄딱 망한다. 반면에 평범한 사람들이나 가난한 이들은 평생 크게 망하거나 크게 넘어지지 않는다. 항상 비슷한 수준을 유지하면서 살아간다.

바로 그런 이유 때문에 부자는 부자로 살게 되는 것이고, 가난한 사람들은 가난하게 살게 된다. 부자들은 도전하고 모험한다. 위험을 기꺼이 감수한다. 그래서 부자들은 더 많이 실패하고, 더 많은 시련을 겪고, 더 많이 넘어진다. 하지만 그럼에도 그들은 결국에는 부자로 살아간다.

가난한 사람들이나 평범한 사람들은 이와 다르다. 그들은 절대로 빅 씽크 전략, 씽크 빅 전략을 구사하지 않는다. 큰 도전이나 모험을 하지 않고 회피한다. 위험이 있는 일은 절대로 시작도 하지 않는다. 안전한 회사에 취직하여 안정적으로 먹고살 수 있을 만큼의 월급에 만족한다. 이러한 이유 때문에 그들은 평생 큰 실패나 큰 시련을 겪지 않을 뿐만 아니라 눈부신 도전이나 모험도 하지 않는 것이다.

부자들은 평범한 사람들의 안정적이고 다소 무미건조한 삶을 역겨워한다. 그래서 그들은 부자가 될 수 있었던 것이다. '씽크 빅'의 법칙이란, 열 번 실패해도 마지막 한 번을 성공하면 된다는 생각으로 도전하고 모험하는 것을 의미한다. 그 어떤 활동, 행동, 도전도 결국 우리의 마음에서 비롯된다. 그리고 그 마음에서 '빅 씽크'가 탄생하게 된다. 그런 점에서 부자와 빈자의 결정적인 차이는 생각의 크기이다.

100시시짜리 컵이 당신 생각의 크기라면, 당신은 절대로 1,000시시의 물을 한 번에 당신의 컵에 담을 수 없고 소유할 수 없다. 당신이 얼마나 큰 부자가 될 것인지를 결정하는 것은 당신의 능력의 크기가 아니라 생각의 크기인 것이다.

그러므로 가장 중요한 부의 법칙은 생각의 법칙이다. 그리고 좀더 구체적으로 말하자면 '씽크 빅'의 법칙이라고 할 수 있다. 이 세상을 바꾸고 싶은가? 당신의 인생을 바꾸고 싶은가? 그렇다면 무엇보다 당신의 생각을 바꾸어야 한다. 가능한 한 크게 생각하는 사람이 되어야 한다.

로또에 당첨된 사람들이 그 돈을 오랫동안 간직하지 못하고 여러 가지 이유로 돈을 다 탕진하고, 자살을 하거나 범죄자가 되거나 이혼을 하거나 노숙자가 되는 이유는 큰돈을 담을 용량이 되지 못한 채로 갑자기 큰돈을 갖게 되었기 때문이다.

이건희 회장같이 큰 부자라면 로또에 수십 번 당첨된다 해도 비극적인 결말을 맺지는 않을 것이다. 충분히 감당하고도 남을 만큼 자신의 용량을 키워두었기 때문이다. 서서히 성공해서 조금씩 부자가 된 사람들이 오래가는 이유도 바로 이것이다. 자신의 용량을 조금씩 키울 수 있는 시간적 여유가 있었기 때문이다. 부자가 되기 위해서는 무엇보다 크게 생각하는 것이 중요하다. 부자의 본질이 되는 토대는 큰 것을 품고 사용하고 활용하는 것이기에, 작게 생각하고 작게 행동하고 작은 인생을 사는 사람과는 어울리지 않는다.

'빅 씽크'는 불가능이란 없다는 생각을 할 수 있는 것을 의미한다. 그것이 크게 생각하는 것이다. 긍정을 넘어 반드시 해내겠다는 것이 빅 씽크이다.

크고 풍요롭게 생각하면서 행동이 결합될 때 부의 폭발이 일어난다. 그렇게 해서 돈을 번 사람들이 적지 않다. 휴일도 없이 일하고, 푼돈을 벌기 위해 여러 가지 일을 하는 사람들이 부자가 되는 경우는 없다. 그런 사람들 중에 결국 부자가 되는 사람이 한두 명 나올 수 있지만, 나머지 99퍼센트의 부자들은 모두 크게 생각해서 부자가 된 사람들이다. 크게 생각한다는 것은 돈에 대해 올바른 인식을 갖고 있다는 것을 의미한다. 돈에 대해 편협한 사고방식을 가지고 있는 사람은 절대로 돈을 벌 수 없고, 돈을 번다 해도 올바르게 지키거나 관리하지 못한다.

돈이 인생의 전부는 아니다. 하지만 돈이 없다는 것은 곧 인생을 살아가는 데 반드시 필요한 자유와 기회를 박탈당한다는 것을 의미한다. 조니 버나드 쇼는 다음과 같은 말을 했다.

"돈이 부족한 것이 모든 악의 근원이다."

돈이 인생의 전부는 아니지만, 돈이 충분하면 돈을 벌기 위해 다른 것을 희생하지 않아도 된다. 그 결과 인생의 균형을 잡을 수 있는 기회가 더욱 많아진다. 1년에 한두 번 가족과 함께 몇 주 동안 여행을 다녀오지 못한다면 문제는 바로 돈일 것이다. 아니면 돈이 충분하지 않기 때문에 더 많은 돈을 벌기 위한 것이 문제이다. 하지만 돈이 충분한 사람에게 이러한 것은 선택의 문제일 뿐이다. 즉 돈이 많다는 것은 인생에서 선택의 폭이 넓어진다는 것을 의미한다.

돈이 없어서 가족 여행을 가지 못하는 것과 돈이 있지만 선택적으로 가지 않는 것은 하늘과 땅 차이다. 전자는 돈의 노예로 살아가는 것이고, 후자는 자기가 주인이 되어 주도적으로 살아가는 것이다. 그렇기 때문에 최소한 하고 싶은 것을 마음껏 할 수 있을 만큼 충분한 돈이 있어야 한다.

크게 생각하는 것은 돈에 대한 올바른 인식과 올바른 생각을 가져야 가능하다. 돈에 대해 올바른 생각을 갖지 못하고, 돈을 그저 혐오하고 돈을 많이 가지는 것이 죄악이라고 생각하는 사람은 절대 부자가 될 수 없다. 우스갯소리처럼 '돈에도 눈이 있기 때문'이다.

일찍이 마크 트웨인은 "돈의 부족이 세상 모든 죄악의 뿌리가 된다"고 말했다. 그는 돈에 대해 올바른 생각과 인식을 가졌던 인물이다. 벤저민 프랭클린 역시 돈에 대해 올바른 인식을 가지고 있었다. 그는 "만일 당신이 돈의 값어치를 알고 싶다면, 바깥에 나가서 돈을 한번 꾸어보라"라는 말을 남겼다. 이 말을 통해 그가 돈의 가치에 대해 제대로 알고 있었으리라고 충분히 짐작할 수 있다.

『탈무드』를 보면 돈에 대해 다음과 같은 인식을 갖고 있음을 알 수 있다.

"돈은 악이 아니며 저주도 아니다. 돈은 사람을 축복하는 것이다."

이처럼 유태인들은 돈을 경멸하지 않는다. 가벼이 여기지 않고, 무시하지도 않는다. 그렇지만 수전노가 되는 유태인은 찾아보기 힘들다. 번 돈의 10분의 1을 기부하는 것이 생활화되어 있기 때문이다. 돈에 대한 건전한 철학이 유태인들이 부의 축적하게 해주는 제1 조건이라고 할 수 있다. 그러한 건전한 철학이 바로 빅 씽크이다.

씽크 빅의 법칙은 돈에 대해 올바른 인식과 생각을 가지고 있을 때 돈을 벌 수 있다는 사실을 말해준다. 부는 일종의 관념이다. 실제로 눈으로 보거나 손으로 만질 수 없다. 지폐나 수표 같은 것은 그것의 가치를 상징할 뿐 그것이 부 그 자체는 아니다. 종이에 불과하지만 그 종이에 특정한 가공을 해서 의미와 상징을 부여할 뿐이다. 종이 그 자체는 가치가 크지 않지만, 어떤 의미와 상징을 부여하느냐에 따라 같은 크기 종이 한 장의 가치가 100배를 능가하게 되는 것이다.

부에 대한 올바른 생각이 우리로 하여금 돈을 벌게 해준다. 반면 부에 대한 잘못되고 협소한 생각은 돈을 벌 수 없도록 우리 앞을 가로막는지도 모른다.

씽크 빅의 법칙은 돈과 관련하여 인생을 길게 내다보는 안목을 가져야 한다는 것을 의미하기도 한다. 단기간에 많은 돈을 성급하게 벌게 되면 결국 뿌리가 튼튼하지 못해서 지출이 심해지고, 리스크가 커지고, 관리가 잘 안 되고, 마음이 들뜨기 쉽다. 벼락부자들이 모두 그렇다. 갑자기 생각지도 않게 대박이 나는 것은 나쁜 일은 아니지만, 그런 사람들의 몇 년 후를 살펴보면 그 돈을 고스란히 유지하는 사람은 많지 않다.

장기적인 관점에서 시간을 두고 천천히 돈을 벌면, 돈에 대해 올바른 적응력이 생긴다. 따라서 부적절한 지출을 피할 수 있고, 마음이 쓸데없이 들떠서 허황된 삶을 사는 경우가 적다. 씽크 빅이란 길게 내다보면서 장기적인 부를 축적하게 해주는 것을 말한다.

쉽게 번 돈, 빨리 번 돈은 쉽게 없어지고 빨리 없어진다. 이 사실을 명심해야 한다. 씽크 빅 전략은 서둘러 돈을 벌기보다는 기초를 튼튼히 세워 장기적인 수입원을 만들어나가는 것이다. 그렇게 돈을 번 사람은 경기 침체나 갑작스러운 불경기가 닥쳐도 잘 대처할 수 있고, 많은 사람들이 넘어질 때 혼자서 승승장구할 수 있다.

부자들은 모두 꿈과 목표가 있다 —'꿈과 목표'의 법칙

"꿈이 있으면 행복하고 꿈을 성취하면 위대해진다."

나는 이 말을 오래전부터 마음속에 담고 살았다. 그리고 이 말은 나를 일으켜 세운 말이기도 하다. 꿈을 꾸면서 하루하루 살아갈 때 행복하고 즐겁다는 것을 나는 몸소 깨닫게 되었고, 그 꿈이 조금씩 성취되는 것을 보면서 나 자신이 성장하고 있다는 것을 느꼈다.

결국 우리를 행복하게 하고 위대하게 해주는 것은 꿈과 목표이다. 그리고 부자들 역시 이와 다르지 않다는 것을 알게 되었다. 부자들은 모두 꿈과 목표가 있고, 그 꿈과 목표가 부자들을 더욱더 부자답게 만들어주었다는 사실을 뒤늦게 깨달았다.

꿈과 목표가 있는 사람과 그렇지 않은 사람은 자세와 마음가짐에서부터 차이가 있다. 그리고 그러한 작은 차이는 결국 결과적으로도 엄청난 차이를 만들어낸다.

『장자』에 다음과 같은 대목이 나온다.

"가까운 숲으로 놀러가는 사람은 세끼 먹을 것만 가지고 가도 돌아올 때까지 배고픈 줄 모르지만, 백 리 길을 가는 사람은 하룻밤 지낼 양식을 준비해야 하고, 천 리 길을 가는 사람은 석 달 먹을 양식을 준비해야 한다."

꿈과 목표가 있는 사람이 더 크게 성공하고 더 큰 부자가 되는 이유는, 가까운 숲으로 놀러가는 사람과 백 리 길을 가는 사람과 천 리 길을 가는 사람의 마음 자세가 다르기 때문이다. 공무원이 꿈인 사람은 무엇인가를 아주 열심히 하지 않는다. 그저 적당히 공부하고, 적당히 노력하고, 적당히 살아가면 된다. 크게 잘못을 저지르지 않고, 크게 성공도 하지 않으면 된다.

하지만 대통령이 꿈인 사람은 그렇지 않다. 공무원이 꿈인 사람과는 눈빛과 마음 자세부터, 말 한마디마저 다를 수밖에 없다. 이런 차이가 결국 큰 결과를 만들어내는 것이다.

천 리 길을 가는 사람들은 오백 리가 반이 아니라 구백 리가 반이 되어야 한다. 꿈과 목표가 있고 그것이 클수록 작은 성과나 성공에 자만하거나 성공에 도취해 교만하지 않아야 한다.

큰 꿈과 목표가 없는 사람은 작은 성공, 작은 부에 마음이 이리저리 흔들리고 '이제 이 정도면 됐다'라고 스스로 만족하면서 도약하기 위해 더이상 노력하지 않는다. 그 결과 작은 성공, 작은 부가 그 사람이 이르는 최고의 도달점이 된다. 더이상의 발전과 성장은 그에게 기대할 수 없고 더이상의 미래도 없다.

큰 꿈과 목표를 가져야 하는 이유가 여기에 있다. 빅토르 위고는 "작은 생각이 작은 사람을 만든다"고 말했다. 이는 꿈에도 그대로 적용이 된다. 작은 꿈이 작은 사람을 만들고, 우리를 가난하게 만든다.

꿈과 목표가 있으면 그것이 우리의 생각과 행동을 결정한다. 그래서 꿈과 목표가 없을 때와 있을 때 삶이 달라지는 것이다. 부자가 되고 싶다면 부자가 되겠다는 확고한 꿈과 목표를 가져야 한다. 그렇게 할 때 자신이 가진 모든 에너지와 의지력, 모든 노력을 꿈과 목표를 위해 쏟아부을 수 있다.

"목적이 없는 사람은 키 없는 배와 같다. 한낱 떠돌이요, 아무것도 아닌, 인간이라 부를 수 없는 사람이다."

토머스 칼라일의 이 말처럼, 꿈과 목표가 없는 사람은 인생에서 그저 왔다가 가는 한낱 떠돌이에 불과하다. 하지만 확고한 꿈과 목표가 있는 사람은 인생을 누구보다 더 가치 있고 의미 있게 살아내는, 참된 삶을 살아가는 인간이 될 수 있다.

꿈과 목표가 없는 사람보다는 꿈과 목표가 있는 사람이 훨씬 더 크게 성공하고 큰 부자가 된다. 그리고 꿈과 목표가 있는 사람들 중에서도 그 꿈과 목표가 큰 사람일수록 더 크게 성공하고 큰 부자가 된다. 크기의 차이는 유무의 차이만큼 중요하다.

그래서 꿈과 목표를 정할 때에는 자신이 할 수 있는 것 중에서 최대치로 정할 필요가 있다.

르네상스 시대의 천재 예술가인 미켈란젤로는 이러한 사실을 잘 알고 있었다. 그가 시스티나 성당의 천장화인 〈천지창조〉를 그릴 수 있었던 것은 남들보다 크고 높은 목표를 품었기 때문이다.

“대부분의 사람들에게 가장 위험한 일은 목표를 너무 높게 잡고 거기에 이르지 못하는 것이 아니라, 목표를 너무 낮게 잡고 거기에 도달하는 것이다.”

그의 말처럼, 꿈이나 목표를 너무 낮게 잡기 때문에 대부분의 사람들은 위대한 일을 해내지 못하는 것이다. 결코 능력이나 재능이 부족해서 위대한 일을 하지 못하는 것이 아니다.

확고한 목표가 없는 사람이나 기업은 모든 채널에 다이얼을 맞추고 있는 것이나 다를 바 없으므로 이도저도 들을 수가 없다. 역량이 분산되어버리는 것이다. 물방울조차도 하나의 목표 지점을 두고 쉼 없이 끈질기게 떨어지면 바위도 뚫을 수 있지만, 여기저기 흩어져 떨어지면 얇은 나뭇잎조차 뚫지 못한다. 확고한 목표의 중요성은 조직의 모든 역량을 한곳을 향해, 한 방향을 향해 나아가게 하므로 반드시 필요한 성공 전략이다.

괴테는 “이왕 꿈을 꾸려면 작게 꾸지 말라”라고 말한 바 있다. 자그마한 꿈은 사람의 마음을 움직이는 힘이 없기 때문이다.

부자들은 모두 기회를 잘 잡는다 —'기회 포착'의 법칙

"미래는 기회를 잡는 사람이 주도한다."

『메가트렌드』(21세기북스, 1988)로 잘 알려진 미래학자 존 나이스비트가 한 말이다. 그의 말처럼 미래는 기회를 잡는 사람이 주도한다. 부자들은 특히 더 그렇다. 부자들은 언제나 새로운 것을 잘 발견한다. 그 결과 새로운 발견은 곧 새로운 부의 창출로 이어진다.

우리가 잘못 생각하는 것 중 하나가 기회란 그저 하늘에서 뚝 떨어지는 것이라는 개념이다. 기회란 기다리는 것이 아니라 스스로 창출해내는 것이다. 세네카의 표현을 빌리자면, "평생 우리는 사는 방법을 배워야 하듯 기회를 창출해내는 방법을 배워야 한다".

절호의 기회는 일생에 세 번 정도 온다고 한다. 하지만 부자들은 절호의 기회를 끊임없이 만들어내는 법을 안다. 그러므로 그들이 성공하고 부자가 되는 것은 이상한 일이 아니라 당연한 일이다.

인생을 살면서 우리에게 다가오는 기회가 적은 것이 결코 아니다. 기회를 잘 포착하는 능력은 부자가 될 수 있는 능력과 직결된다고 할 수 있을 정도로 중요하다. 하지만 많은 사람들이 정작 자신에게 다가온 기회조차도 잘 알지 못한다는 것이 가장 큰 문제다.

그들은 왜 세상에 널린 기회를 잘 보지 못하고 사장시켜버리는 것일까? 그것은 그들에게 기회를 포착해낼 혜안이 없기 때문이다. 미국의 지질학자이자 교육자, 북극 탐험가였던 로런스 굴드는 다음과 같은 명언을 남겼다.

"인생에서 기회가 적은 것은 아니다. 그것을 볼 줄 아는 눈과 붙잡을 수 있는 의지를 갖출 때까지 기회는 숨어 있다. 우리는 우리 자신의 운명의 열쇠를 이미 가지고 있다."

평범한 사람들은 평범하기 때문에 기회를 포착할 줄 아는 눈을 평소에 뜨지 못하고 살아간다. 하지만 최악의 상황이 되었을 때 평범한 사람들이 절박함을 품으면 결국 그러한 눈을 뜰 수 밖에 없는 환경으로 스스로를 내몰게 된다. 절박함은 곧 위기를 만났음을 의미한다. 그 절박함은 우리로 하여금 초능력을 발휘하게 하고, 기회를 볼 줄 아는 눈을 뜨게 해준다. 그 결과 위기가 곧 기회가 되는 것이다.

얼마나 많은 사람들이 인생의 밑바닥까지 내려간 후에야 그러한 눈을 뜨게 되고, 그 결과 이전보다 훨씬 더 높은 곳까지 도약할 기회를 포착하게 되었는지 알아야 한다.

인간은 가장 힘들고 고통스러운 최대의 위기 순간에 가장 높이 비상할 수 있는 기회를 포착해낸다. 음악사에 길이 남은 위대한 걸작인 〈메시아〉를 작곡한 헨델이 그랬고, 대문호 셰익스피어가 그랬고, 전 세계 패션을 주름잡았던 코코 샤넬 역시 그랬다.

헨델이 〈메시아〉를 작곡한 시기는 그의 인생을 통틀어 최고의 위기 순간이었다. 생활고는 말할 것도 없었고, 채권자들에게 돈을 갚지 못해 감옥에 들어가야 할 판이었으며 건강마저 최악이었다. 최대의 위기 순간에 헨델은 기적처럼 〈메시아〉를 작곡했다. 대문호 셰익스피어는 생활고로 인해 안 해본 일이 없을 만큼 많은 직업을 전전했다. 하지만 그의 삶은 더이상 나아지지 않았고 생활고는 점점 심해졌다. 바로 그 순간 그는 글을 쓰기 시작했다. 그에게 글을 쓰는 것은 최고의 기회였다. 그 기회를 마침내 그는 인생 최대의 위기의 순간, 삶이 가장 힘들고 어려웠을 때 발견하게 된 것이다.

『해리 포터』로 성공한 작가 조앤 K. 롤링도 셰익스피어만큼이나 상황이 좋지 못했다. 그녀는 이혼녀가 되었고, 실직을 했고, 갓난아기에게 먹여야 할 분유가 없어 젖을 보채는 아기에게 맹물을 먹여야 했다. 심한 생활고와 자신의 처지에 대한 비관으로 우울증에 자살 충동까지 느낄 정도로 최악의 위기를 맞았다. 그런데 바로 그 순간에 그녀는 글을 쓰게 되었다. 인생에서 가장 큰 위기의 순간에 새로운 기회를 포착한 것이다.

〈플레이보이〉지의 발행인인 휴 헤프너는 원래 가난한 신문기자였다. 그것도 적은 급료를 받는 그저 그런 기자였다. 그는 자신의 급여에 대한 불만이 극에 달하자, 편집장을 찾아가 주급을 10달러라도 더 인상해줄 것을 요청했다. 그런데 편집장은 그를 무시했고 그에게 모욕을 주었다.

“뭐라고? 너 같은 놈에게는 그런 돈을 줄 수 없어.”

휴 헤프너는 그런 모욕을 당하고도 값싼 임금을 받으면서 일할 마음이 들지 않았다. 그는 결국 직장을 그만두었다. 하지만 그에게는 한 푼도 없었다. 먹고살 걱정을 할 만큼 그는 큰 위기를 맞게 되었다. 바로 그때 그는 평생 엄청난 돈을 벌 수 있는 기회를 포착했다. 바로 〈플레이보이〉라는 잡지를 발행하는 것이었다.

취재하고 편집하는 경험을 가진 기자들은 지금도 차고 넘친다. 하지만 그들이 모두 큰 성공을 거두는 잡지를 발행할 수 있는 것은 아니다. 기회를 포착할 능력이 있어야 한다. 만약에 편집장이 주급을 10달러 인상해주었다면 휴 헤프너는 평생 신문기자로 평범하게 살았을지도 모른다. 하지만 그는 백수에서 순식간에 미국에서 가장 인기 있는 잡지의 발행인이 되었고, 부자가 되었다.

그가 기회를 포착하려고 노력하지 않았다면 〈플레이보이〉라는 유명 잡지는 존재하지 않았을지도 모른다. 또한 휴 헤프너는 평생 가난하게 살았을지도 모른다. 기회 포착 능력은 그 어떤 능력보다 더 중요하다. 위기가 기회라는 말이 생긴 것은, 위기 순간이 닥치면 사람은 생각하지 못했던 것을 생각해내고 보지 못하던 것을 비로소 볼 수 있게 되기 때문이다.

그런 점에서 "위기는 곧 기회다"라는 말은 결코 빈말이 아니다. 그 말은 수많은 부자들이 가난을 벗어나 부자가 되는 시작점의 상황을 가장 잘 말해준다. "천재는 재능이 아니라 절망적인 처지에서 만들어내는 돌파구다"라는 사르트르의 말처럼, 부자는 능력이 만들어내는 것이 아니라 절망적인 처지에서 기회를 포착해냄으로써 만들어지는 것이다.

영국의 여왕보다 더 부자가 된 조앤 K. 롤링이 기회를 포착하지 못했다면 그녀는 계속해서 밑바닥 삶을 살아야 했을 것이다. 이처럼 기회를 포착하느냐 그러지 못하느냐는 어마어마한 부자가 될 것인지 아닌지를 결정하는 매우 중요한 요소이다.

기회를 포착할 수 있는 사람은 부자가 될 수 있다. 이것이 기회 포착의 법칙이다. 문제는 기회를 포착할 능력을 갖추기가 쉽지 않다는 것이다. 그런데 부자들을 살펴보면, 어떻게 해야 기회를 잘 포착하고 새로운 것을 만들어내는지 힌트를 얻을 수 있다. 그들은 모두 남들과 다른 생각, 엉뚱한 생각, 다소 괴짜 같은 생각을 하고 행동을 한다.

새로운 발견은 새로운 것을 발견하고 만들어내는 것이 아니라, 기존의 것을 보면서도 새로운 시선으로 새로운 사실을 발견하는 것이다. 그러기 위해서는 남들과 다른 시선을 가져야 한다. 그래서 우리는 남들과 차별화를 추구해야 한다. 남과 달라질 때, 즉 자기만의 길을 갈 때 부자가 될 확률이 높아지는 것이다.

새로운 기회를 발견하기 위해 필요한 것은 자기 성공에 대한 확신과 자신감이다. 이 두 가지가 결여되어 있는 사람은 아무리 좋은 기회가 눈앞에 펼쳐진다 해도 그 기회를 붙잡지 못한다.

그런 점에서 부자들은 모두 성공에 대한 확신과, 자신은 반드시 부자가 될 것이라는 자신감이 있는 사람들이다.

『부자들의 좋은 생각 좋은 습관』(디앤씨미디어, 2006)이라는 책에 이런 교훈에 대한 이야기가 나온다. 1929년 어느 늦은 여름날, 미국 중남부에 있는 오클라호마의 기차역에서 동부로 가기 위해 기차를 기다리던 오스카라는 청년은, 자신의 눈앞에 엄청난 부의 기회가 펼쳐진 것을 두 눈으로 보고도 그냥 지나쳐버렸다.

그는 명문대인 MIT를 졸업한 수재였고, 석유탐사에 필요한 장비와 새로운 장치를 직접 만든 인재였다. 하지만 자신이 다니던 회사가 파산하자 실업자 신세가 되어 고향으로 돌아가기 위해 기차를 기다리고 있었던 것이다.

그는 자신의 놀라운 재능과 능력에 회의를 느꼈을 뿐만 아니라 자신의 성공도 확신할 수 없는 상황에 이르렀다. 그 상황에서 그를 사로잡은 것은 자신감과 성공에 대한 확신이 아니라 부정적이고 무기력한 생각들이었다. 자신이 처한 상황을 토대로 생각해볼 때 결코 성공할 수 없을 것 같기만 한 암담한 심정이었던 것이다.

그렇게 절망하고 있던 그는 기차가 오려면 아직도 몇 시간을 더 기다려야 한다는 것을 알고 자신의 탐사 장비를 꺼내 실험하면서 시간을 보내기로 했다. 그렇게 장비를 가동시켰는데, 기차역에 석유가 매장되어 있다는 신호가 측정되었다. 그는 그 순간 자신의 성공 가능성에 대한 확신과 자신감이 없었기에 자신이 만든 탐사 장비를 의심했다.

'어떻게 기차역 아래에 석유가 있을 수 있어! 이건 내가 만든 탐사 장비가 오류투성이라는 것을 의미할 뿐이야!'

결국 그는 굴러들어온 석유를 발로 차고, 자신의 탐사 장비를 모두 부수어버리고는 기차를 타고 고향으로 내려갔다.

얼마 지나지 않아 다른 사람에 의해 그곳에 엄청난 양의 석유가 매장되어 있다는 사실이 발견되고, 그 석유는 다른 사람 것이 되었다. 오스카의 모습이 바로 우리 자신을 대변하고 있음을 알아야 한다.

살다보면 많은 기회를 만나지만, 오스카처럼 '설마 이걸 해서 내가 부자가 되고 성공하겠어?'라고 스스로 의심하면서 수많은 기회를 사장시켰는지도 모를 일이다. 우리가 이렇게 기회들을 사장시켜버리는 가장 큰 원인은 의구심 때문이다. 즉 성공에 대한 확신이 없기 때문이다.

자기 자신에 대해 확신과 자신감이 없다면 자신에게 굴러들어온 복도 차지하지 못한다. 그래서 부자가 되기 위해서는 무엇보다도 자신감과 성공에 대한 확신이 있어야 한다. 그리고 적극적인 마음의 준비가 있어야 한다.

"누구나 부자가 될 수는 있지만 그러기 위해서는 준비가 필요하다. 이용할 수 있는 모든 기회를 활용하기 위해서 당신은 반드시 적극적인 마음의 준비가 되어 있어야 한다."

나폴레온 힐의 말처럼 부자가 되기 위해서는 무엇보다도 적극적인 마음의 준비를 해야 한다. 그래야 기회가 왔을 때 그것을 확실하게 붙잡을 수 있기 때문이다.

자기 자신을 스스로도 믿지 않는다면 그 누가, 그 어떤 세상이 당신이 성공하리라고 믿어주겠는가? 당신의 믿음이 강할수록 당신의 부는 더 빨리 이루어진다는 사실을 명심하자.

부자들은 모두 스스로 인생을 만든다 —'인생 창조'의 법칙

"이 세상에서 성공하는 사람은 자신이 바라는 환경을 스스로 찾는 사람이며 만약 발견하지 못할 경우에는 스스로 그것을 만드는 사람이다."

매우 열정적인 삶을 살았던 조지 버나드 쇼의 이 말은, 어떤 태도와 자세로 살아가야 부자가 될 수 있는지 조언한다.

부자들은 모두 환경에 수동적으로 대처하며 환경에 영향을 받았던 사람들이 아니라 반대로 환경과 상관없이 자기 인생을 스스로 개척하고, 심지어 인생을 재창조해나간 사람들이다.

성공하는 사람들이나 부자들은 이런 점에서 동일하다. 어느 두 형제가 있었다. 그런데 그 가정의 가장인 그들의 아버지는 항상 술에 취해 있는 술주정뱅이에다 그들을 때리고 괴롭히는 못난 아빠였다. 엄마는 오래전에 가출했다. 그런 결손 가정에서 두 형제가 자랐다.

20년이 지난 후 첫째는 아버지와 똑같은 술주정뱅이에, 약한 여자와 아이들에게 폭력을 행사하는 못난 사람이 되어 있었다. 누군가가 그에게 어떻게 하다 이렇게 되었느냐고 물었다. 그러자 그가 대답했다. "불우한 환경이 저를 이렇게 만들었습니다." 그의 말은 틀린 말은 아니다. 하지만 정답은 아니다.

둘째는 성공한 변호사가 되었기 때문이다. 똑같은 환경에서 자란 두 형제이지만 둘째는 그런 아버지를 볼 때마다 자신은 자라서 절대로 저런 사람이 되지 않겠다고 다짐했다. 둘째는 자신의 인생을 스스로 창조하며 만들어나간 것이다. 둘째에게 누군가가 같은 질문을 했다. 둘째의 대답은 놀랍게도 첫째와 다르지 않았다. "불우한 환경이 저를 이렇게 만들었습니다." 그의 말은 틀린 말이 아니다. 불우한 환경 속에서 살면서 자신은 절대로 그런 사람이 되지 않겠다고 다짐했기 때문이다.

두 형제 모두 "불우한 환경이 저를 이렇게 만들었습니다"라고 했지만, 한 명은 환경의 노예가 되어 환경이 이끌고 가는 대로 인생의 패배자가 되었고, 다른 한 명은 환경의 노예가 아니라 주인이 되어 자신의 성장과 발전을 위한 디딤돌로 삼았던 것이다. 후자는 자기 스스로 인생을 창조해나간 경우이다.

부자들은 자신의 환경을 걸림돌이 아닌 디딤돌로 삼을 줄 안다. 그들은 자신에게 주어진 환경이 어떻든 그것을 자신의 인생을 재창조하는 데 사용할 줄 안다.

어떤 삶이 주어지더라도 환경을 탓하지 않고 스스로 인생을 재창조할 줄 아는 사람은 자기 삶의 주인이 된다. 그런 점에서 부자들은 모두 삶을 주도적으로 창조해나가는 사람들이다.

부자가 되고 싶다면 인생을 주도적으로 살면서 재창조할 줄 알아야 한다. 그것이 '인생 창조'의 법칙이다. 이 법칙을 잘 활용할 줄 안다면 부자가 될 수 있고 성공할 수 있다.

누군가가 원하는 삶, 누군가의 지문이 많이 묻어 있는 삶은 껍데기 삶에 불과하다. 성공을 하든 실패를 하든 자신의 삶을 살아야 한다. 그런 점에서 부자가 되는 것보다 더 중요한 것이 바로 이것이다. 재미있는 점은, 주도적인 삶을 살아갈 수 있는 사람은 결국 부자가 된다는 사실이다.

『왜 부자들은 모두 신문 배달을 했을까』(흐름출판, 2012)라는 재미있는 책이 있다. 이 책에서는 성공한 사람들, 부자가 된 사람들의 자서전에 단골 메뉴처럼 자주 등장하는 이야기를 소개한다. 바로 그들 중 상당수가 어렸을 때 신문 배달을 한 경험이 있다는 것이다.

실제로 〈포브스〉지가 선정한 억만장자 400명을 조사한 결과, 이들이 첫 직업으로 가장 많이 선택한 직업이 바로 신문 배달이었다. 이는 달리 말하면, 많은 억만장자들이 처음부터 억만장자였거나 가정이 부유하지는 않았다는 뜻이다.

억만장자 중 상당수는 대부분 가난을 겪은 사람들이다. 하지만 그들은 끈질기고 강인한 기업가 정신을 지녔다. 그리고 신문 배달을 통해 사업을 하고 돈을 버는 데 필요한 모든 것을 배웠다. 아직 철이 들기에 너무 이른 나이부터 그들은 신문 배달을 했고, 그것을 통해 남들과 다른 능력을 지니게 되었다.

그것은 바로 '자신의 인생을 주도적으로 창조해나가며 주인으로 살아갈 수 있는 능력'이다. 그들은 추운 겨울날에도 또래 친구들이 따뜻한 이부자리에서 달콤한 새벽잠을 즐기고 있을 때 졸린 눈을 비비고 일어났다. 그리고 찬물로 세수를 하고 신문을 배달하기 위해 집을 나섰다. 날이 밝기도 전에 새벽에 옷을 챙겨 입고 혼자 집을 나서는 것이 얼마나 힘들고 어려운 일인지 안다면, 신문 배달을 하는 청소년들의 의젓함과 강인한 정신, 책임감, 인내심 등이 얼마나 높은 수준인지 충분히 가늠해볼 수 있을 것이다.

부자들은 모두 원칙과 정도를 가지고 있다 -'원칙과 정도'의 법칙

"돈을 모으려면 반드시 지켜야 할 원칙이 있고 정도正道가 있다."

『대학』에 나오는 말이다. 돈을 제대로 모으고 부자가 되기 위해서는 반드시 나름대로 원칙과 정도가 있어야 한다. 그것이 없다면 아무리 돈이 많다 해도 부자로서의 생명이 길지 않을 뿐만 아니라 단 한 순간도 참된 부자라고 할 수 없다.

부자들이 가지고 있는 돈에 대한 원칙과 정도는, 절대로 돈의 노예가 되지 않는다는 것이다. 돈에 벌벌 떨면서 돈을 모으려고 자신의 소중한 꿈과 시간과 소망을 다 포기하고, 자신에게 중요한 의미가 있는 가족과 친구를 희생시키는 것은 돈의 노예가 되는 것이지 돈을 버는 것이 아니다.

돈은 목적이 아니다. 우리가 열심히, 잘 살았기 때문에 얻게 되는 부산물이어야 한다. 부자들은 이러한 사실을 잘 알고 있고, 원칙과 정도를 갖고 있다. 진짜 부자의 모범을 잘 보여준 사람은 경주 최 부자이다.

우리나라 역사에서 가장 오랫동안 부를 지켜온 가문이 바로 경주 최 부자 가문이다. 더러는 최 부자보다 더 많은 재물을 모은 부자도 있었지만 거의 당대에 부를 일구고 당대에 망했다. 당대에 망하지 않은 몇 안 되는 부자들도 3대까지는 가지 못했다. 속담에도 "부자 3대를 못 간다"는 말이 있듯이 3대, 약 100년간 부를 이어간다는 것은 굉장한 일이 아닐 수 없다.

그런데 경주 최 부자는 10대, 즉 300년 동안 부를 지켰다. "창업創業보다 수성守成이 더 어렵다"는 옛말이 있는 것이 바로 이 때문이다. 경주 최 부자는 어떻게 300년 동안 부를 이어올 수 있었을까? 바로 원칙과 정도를 걸어왔기 때문이라고 할 수 있다.

경주 최 부잣집에는 반드시 지켜야 할 가훈이 있다. 『경주 최 부잣집 300년 부의 비밀』(민음인, 2010)이라는 책에 나와 있는 가훈을 보면, 그들이 지켜온 원칙과 정도를 잘 알 수 있다.

첫째, 과거를 보되 진사 이상은 하지 마라.
둘째, 재산은 만 석 이상 지니지 마라.
셋째, 과객을 후하게 대접하라.
넷째, 흉년기에는 땅을 사지 마라.
다섯째, 며느리들은 시집온 후 3년 동안 무명옷을 입어라.

여섯째, 사방 백 리 안에 굶어죽는 사람이 없게 하라.

경주 최 부잣집의 기초를 다진 최진립이 자녀들에게 당부한 유훈遺訓을 보면 이런 내용이 있다.

"가문과 나라를 지키면서 부단히 학문하기에 힘써라. 학문이 없이는 밝음明이 없고, 밝음이 없는 어둠의 생활은 뭇 짐승의 삶과 무엇이 다르겠느냐. 그러나 벼슬을 목적으로 학문을 하지 마라. 뭇 사람들과의 복잡한 이해관계 속에서 원만하게 벼슬자리를 수행하기란 지극히 어렵다. 사람이 왕후장상의 아들로 태어나지 않은 이상 권세와 부귀를 모두 가질 수는 없다. 권세의 자리에 있음은 칼날 위에 서 있는 것과 같아 언제 자신의 칼에 베일지 모르니 (…) 과거를 보되 진사 이상의 벼슬은 하지 마라."(전진문, 『경주 최 부잣집 300년 부의 비밀』)

경주 최 부잣집이 오랫동안 부를 유지할 수 있었던 것은 엄격한 원칙이 있었고, 정도를 벗어나 지나친 욕심을 부리지 않았기 때문이다. 두번째 가훈인 '재산은 만 석 이상 지니지 마라'는 지나친 욕심을 부리지 말고 인간의 도리를 다하라는 것이다.

실제로 최 부잣집에서는, 타인이 절박하여 물건을 헐값으로 내놓아도 값은 값대로 다 치르고 사라고 자손들에게 가르친다. 잇속만 차리는 것을 경계한 것이다. 또한 옛날에는 3, 4년마다 한 번씩 흉년이 찾아와 가난한 백성들은 굶어죽기가 십상이었다. 흉년이 올 때마다 최 부잣집은 곳간을 열어 굶는 이들에게 죽을 끓여 먹였다. 그리고 헐벗은 이들에게는 옷을 지어 입혀주었다.

잠시 돈을 많이 벌게 되어도 원칙과 정도가 없으면 그 돈은 물 빠지듯 쉽게 빠져나간다. 하루아침에 로또에 당첨되어 수십억 원의 재산이 생긴 사람들이 대개 이런 유형이다. 로또에 당첨된 사람들 중 대부분이 몇 년 안에 다시 원점으로 돌아온다. 다시 원점으로 돌아오는 사람은 그나마 다행이다. 수십억 원의 로또 당첨자들 중에는 놀랍게도 자살을 하거나 범죄자가 되어 교도소에 들어가거나 이혼을 하여 가정이 파탄 지경에 이른 사람이 적지 않다.

당신을 부자로 만들어주는 것은 돈 그 자체가 아니라, 돈을 벌고 관리하고 지킬 수 있는 원칙과 정도이다. 돈에 대한 원칙과 정도를 세우기 위해서는 먼저 돈에 대한 바른 인식과 생각이 있어야 하며, 의식이 깨어 있어야 한다.

워런 버핏과 빌 게이츠가 기부 운동을 열심히 하는 것은, 그들은 돈을 어떻게 사용할지에 대해 확고한 원칙과 정도가 있기 때문이다.

우리가 살아가고 있는 이 세상은 철저하게 신용 사회이기 때문에, 신용과 책임이라는 원칙을 철저히 지킬 수 없는 사람은 절대로 부자가 될 수 없다.

유태인을 키운 『탈무드』에서 제시하는 중요한 원칙이 두 가지 있다. 그것은 '정직하라'는 것과 '남들에게 대접받기 원하는 것처럼 남들을 대접하라'는 것이다. 보통 사람들이 생각하기에 부자들은 거만하고 허풍이 심할 것 같다. 하지만 의외로 부자들은 겸손하고 정직하고 예의바르다. 다시 말해 겸손과 정직, 예의바름, 친절과 같은 삶의 중요한 원칙이 그들을 부자로 만들어준 것이다.

『좋은 기업을 넘어 위대한 기업으로』(김영사, 2002)의 저자 짐 콜린스는 수많은 좋은 기업들이 왜 위대한 기업으로 도약하지 못하고 그저 좋은 기업으로 남아 있는지에 대해 오랫동안 연구하고 분석했다. 그 결과 가장 큰 원인은 바로 '자만'이었다. 그 말은 '현재의 좋은 삶, 좋은 직장, 좋은 회사, 좋은 기업에 스스로 만족한다는 것'이었다. 즉 '좋은 것은 위대한 것의 적이다'라는 놀라운 진리를 깨닫게 된다.

하지만 짐 콜린스의 말을 통해 알게 된 더 놀라운 사실이 있다. 그것은 좋은 기업을 넘어 위대한 기업으로 도약한, 그야말로 위대한 경영자들은 너나 할 것 없이 모두 매우 겸손하고 친절하며 상대를 잘 배려하고 정직하다는 사실이다.

짐 콜린스는 좋은 기업에서 위대한 기업으로 도약하게 한 위대한 경영자들을 인터뷰하면서, 그들은 모두 겸손과 정직, 예의바름과 친절이라는 원칙을 변함없이 준수하는 겸허한 사람들이었다는 사실을 발견하고 자신도 적잖이 놀랐다고 밝혔다.

마이크로소프트사의 빌 게이츠 역시 지금처럼 큰 성공을 이루는 데 겸손하고 예의바른 성격이 한몫했다. 그가 지금처럼 성공할 수 있었던 것은 남들보다 뛰어난 능력이나 기술을 지녔기 때문만은 아니다. 빌 게이츠가 청년이었을 당시 거대 회사인 IBM에서는 개인용 컴퓨터에 사용할 소프트웨어를 찾기 위해 그 당시 매우 유명하고 실력 있는 소프트웨어 회사 사장을 만난 적이 있었다. 그런데 그 회사 사장은 전혀 예의를 갖추지 않았을 뿐만 아니라 얼굴조차 비추지 않을 정도로 무례하게 행동하여 IBM의 책임자는 마음이 상했다. 그러고 나서 그 당시 유명하지도 않고 검증도 되지 않았던 마이크로소프트사를 우연히 찾아갔는데 그곳에서 예의바르고 반듯한 젊은이를 만나게 된 것이다. 그는 자신에게 언제나 예의바르게 대하는 젊은이의 태도에 감동받아 계약을 맺었다. 그 젊은이가 바로 빌 게이츠였다. 빌 게이츠의 예의바른 태도는 그가 성공하는 데 큰 몫을 했던 것이다.

세계 최고의 투자가인 워런 버핏의 이야기가 자주 거론되는 것은, 그가 그만큼 훌륭한 부자이기 때문이다. 그에게서 배울 점이 너무나 많지만 그중 한 가지를 꼽자면, 그는 다른 사람들처럼 유행이나 분위기를 타는 약삭빠른 투자가가 아니라 원칙과 정도를 걷는 투자가라는 점이다.

"만약 당신이 산 주식을 10년 동안 가지고 있을 만반의 준비를 하지 않았다면, 그것을 10분도 지니고 있을 필요가 없다"라는 말을 할 정도로 그는 투자에 대해 확고한 원칙과 정도를 지니고 있다. 옛말에 "정도正道는 지극히 간단하다"라고 했다. 그리고 워런 버핏의 투자 전략은 매우 간단하다. 그것은 '자신이 잘 아는 종목에만 투자하고, 오래 가지고 있는 것'이다. 너무나 간단해서 싱거울 정도이지만 워런 버핏은 이 투자 원칙을 평생 지켰다. 그 덕분에 그는 세계 최고의 투자가가 될 수 있었다. 그는 "가장 간단한 투자 이념이 가장 많은 돈을 벌어다 준다"라고 말한다.

그의 핵심적인 투자 이념은 "간단한 것을 추구하고, 복잡한 것을 피하라"이다. 자신이 잘 아는 종목에만 투자하고, 한번 투자한 것은 결혼생활을 유지하듯 오래 가지고 있는 것이다.

"적당한 시기에 우수한 주식을 골라 투자한 뒤 오랫동안 보유하는 것이 바로 투자 비법이다."

이러한 원칙과 정도의 법칙을 준수한 워런 버핏은 9·11 테러 이전 10년 동안 미국의 주식 시장이 호황을 누릴 때조차도 마음대로 주식을 사고팔지 않았다. 하지만 대부분의 사람들은 그 어떤 원칙이나 정도도 없이 잘나가는 IT 기업 위주로 주식을 사고팔아 돈을 벌었다. 그 당시 많은 사람들은 워런 버핏의 시대가 이미 끝났다고들 말했다.

바로 그때 9·11 테러가 터지고 주가는 끝없이 하락했다. 원칙 없이 사고팔았던 수많은 이들은 주가의 급락과 함께 원금조차 건지지 못한 채 몰락했다. 하지만 워런 버핏은 조금도 손실을 보지 않았다. 원칙 없는 이들이 큰 손해를 볼 때 워런 버핏은 엄청난 수익을 창출해낼 수 있었다.

로또에 당첨되어 갑자기 어마어마한 돈이 생긴 사람들이 몇 년 안에 다시 가난한 사람으로 돌아오고, 엄청난 빚을 지고, 이혼을 하고, 범죄자가 되고, 자살까지 하는 경우가 많은 이유는 그들에게는 돈을 어떻게 사용하고 활용할지에 대한 확고한 원칙과 정도가 없기 때문이다. 원칙과 정도가 없기 때문에 자신이 가진 돈만 믿고 이런저런 사업을 시작하고, 여러 사람의 말에 귀가 솔깃해져 여기저기 투자를 한다. 하지만 그 모든 책임을 져야 하는 사람은 바로 자기 자신이다. 결국 자신이 잘 알지도 못하는 사업에 돈만 믿고 투자한 결과는 참혹할 뿐이다.

부자들이 원칙과 정도의 법칙을 지키는 이유가 바로 이것이다. 원칙과 정도가 있어야 혼란스러운 세상에서 흔들리지 않고 휘둘리지 않으면서 살아갈 수 있고, 재산을 지켜낼 수 있기 때문이다.

모든 성공과 부는 타인과의 협력을 통해 생겨난다. 그러므로 타인과 관계를 잘 유지하기 위해서는 반드시 원칙과 정도를 지켜야 한다. 원칙과 정도를 지키는 사람은 결국 다른 사람들의 지원과 도움을 받을 수 있다.

잘난 척하고 교만한 사람보다는 겸손하고 항상 배우려는 사람이 성공하게 되는 이유 중 하나가 타인의 도움을 더 많이 받을 수 있기 때문이다. 모든 성공과 부에는 타인의 도움과 지원이 필요한 법이다.

당신은 원칙 없이 행동하거나 정도 없이 중구난방으로 일하는 사람을 신뢰하고 도울 것인가 아니면 원칙과 정도를 가지고 일을 해나가는 사람을 신뢰하고 도울 것인가?

이 세상에 혼자서 이루어낼 수 있는 것은 없다. 모든 것은 타인과의 역학 관계 속에서 성장과 발전, 성공과 실패, 원인과 결과가 존재하게 되어 있다. 매력 있고 말을 잘하고 잘생긴 사람이 그렇지 못한 사람보다 더 성공하는 이유다.

자신의 생김새나 외모나 매력은 쉽게 바꿀 수 없다. 하지만 원칙과 정도를 지키는 것은 노력과 의지로 얼마든지 가능하다. 수많은 부자들이 아이러니하게도 "돈을 위해 그 일을 한 것이 아니라 가치를 창출하고 의미 있는 삶을 살기 위해 그 일을 했다"라고 말한다. 원칙과 정도를 지키는 것의 가장 모범적인 사례다.

미국 100개 도시 최고 부자들이 말하는 부의 법칙을 담은 『잘 벌고 잘 쓰는 법』(부키, 2010)이라는 책에서 생명공학으로 억만장자가 된 랜들 J. 커크가 한 말을 소개한다.

"올바른 일을 올바른 방법으로 추구할 때만 돈이 들어온다."

다시 말해, 돈을 목표로 하는 사람은 결코 돈을 벌지 못한다는 것이다. 돈보다 가치를 먼저 창출하고 원칙과 정도를 지켜나갈 때 돈이 가까이 다가와 손을 내미는 법이다.

만약 당신이 어떻게 소비를 줄이고 어떻게 많은 돈을 벌 수 있는지를 잘 알고 있다면, 당신은 이미 막대한 재산을 가지고 있는 것이다.

_벤저민 프랭클린

나는 내 삶에서 어떤 것도 놓치고 싶지 않다. 내가 좋아하는 게임을 계속하고 싶을 따름이다. 나를 이곳으로 데리고 온 지식을 계속 유지할 수 있다면, 무슨 일이든 계속할 수 있다면, 그리고 누군가에게 새로운 일을 시작하는 데 필요한 자금을 빌릴 수만 있다면, 나는 또 한번 새롭고 흥미로운 게임을 즐기고 싶다.

_워런 버핏

고상한 사람들에게 돈과 관련된 질문을 하면 섹스와 관련된 질문을 받았을 때와 마찬가지로 고상한 척하며 모순과 위선이 가득한 태도로 대답할 것이다.

_프로이트

4부

부자로 만드는 '부의 지혜'의 비밀

부자로 만들어주는 첫번째 지혜 -부자와 어울려라

"부자가 되려거든 부자들과 자주 어울려라"라는 말이 있다. 왜 이런 말이 생겼을까? 정확한 유래는 알 수 없다. 하지만 이 말이 우리에게 깨우쳐주려 하는 의미는 짐작할 수 있다.

부자와 어울리면 부자들이 평소에 하는 생각과 행동과 말과 스타일을 직접 눈으로 보고 배울 수 있다. 이 세상에 그보다 더 큰 공부가 어디 있을까? 당신이 지금 친하게 지내고 있는 사람들의 평균 연봉이 당신의 연봉과 비슷한 이유가 바로 이것이다.

당신은 함께 어울리는 사람들의 수준에서 벗어나지 못한다. 즉 수준 높은 사람들을 만나고 그들과 친하게 지내면 당신의 수준도 향상된다. 반대로 자기 수준에 못 미치는 사람들을 만나고 그들과 어울리면 곧 수준이 낮아질 것이 뻔하다.

'근묵자흑近墨者黑'이라는 옛말이 바로 그런 뜻이다. 먹을 가까이 하다보면 자기도 모르게 검어지게 되는 법이다. 우리가 사귀는 사람이 누구냐에 따라 우리의 생각과 언행이 바뀌게 되는 것은 시간문제이다. 맹자의 어머니가 자식을 위해 세 번이나 이사를 한 것도 비슷한 이치에서다.

이와 유사한 고사성어들이 적지 않다. 그중 하나가 『순자』의 '권학' 편에 나오는 '마중지봉麻中之蓬'이다.

쑥은 원래 곧게 자라지 못하는 식물이다. 하지만 삼밭에서 자라면 붙들어주지 않아도 곧게 자란다. 부자가 되고 싶다면 부자와 친해져야 하고 부자와 자주 어울려야 한다. 그것이 진리다.

주위에 부자들이 없다면 당신은 부자가 될 확률이 높지 않다. 주위에 크게 성공한 사람이 많지 않다면 당신은 성공할 확률이 높지 않다. 결국 우리는 우리가 읽은 것, 본 것, 사귄 사람들에 의해 형성되는 존재이기 때문이다.

부자와 만나고 사귈 기회가 거의 없다면 그때 할 수 있는 것은 부자들에 대한 책을 읽는 것이다. 부자들에 대해 알고, 부자들의 생각과 행동, 말과 스타일을 배워보라. 그리고 그들처럼 생각과 언행도 점점 바꾸어보는 것이다. 그렇게 하다보면 어느 순간 당신은 부자처럼 생각하고 말하고 행동하게 된다. 바로 그 순간이 당신이 가난에서 벗어나 부자가 되는 순간이다.

조지 소로스와 함께 퀀텀 펀드를 공동 설립하여 1969년부터 1980년까지 3.365퍼센트라는 경이로운 수익률을 올린 투자의 대가 짐 로저스는 “사람은 두 가지 방식으로 배운다. 하나는 다른 사람을 통해, 다른 하나는 책을 통해서다”라고 말했다.

좀더 거슬러올라가 1970년대 미국에서 최고의 부자였던 석유 재벌 진 폴 게티가 한 말도 명심해야 한다.

“당신이 부자가 되기를 원한다면 돈을 많이 버는 사람을 찾아서 그 사람이 하는 대로 따라 해라.”

그러기 위해서는 부자들과 많이 어울려야 하고 그들과 친해져야 한다. 그래야 그들의 방식을 정확하게 배울 수 있고 따라 할 수 있다. 신문이나 대중매체를 통해서는 그늘의 비밀스럽고 고급스러운 영업 비밀 같은 것은 배울 수 없다.

부자와 많이 어울려 세계적인 부자가 된 사람으로, 샤넬의 창업자 가브리엘 샤넬을 들고 싶다. 그녀는 가난한 집안의 육남매 중 둘째로 태어났다. 어렸을 때 어머니가 돌아가시고, 아버지는 그녀를 수녀원에 버렸다.

그녀는 수녀원에서 바느질을 배우면서 자랐다. 어느 정도 나이가 들자 수녀원을 떠나 낮에는 의상실에서 일하고 밤에는 클럽 가수로 일하면서 힘겨운 삶을 살았다. 클럽 가수 생활을 하면서 생긴 별명이 ‘코코’였다. 카바레 가수로서 〈코코가 트로카데로에서 누구를 만났던가〉라는 노래로 인기를 끌었고, 손님들이 그녀에게 별명을 지어주었다. “코코! 코코!”를 외치는 손님들로 인해 그녀는 ‘코코 샤넬’이 되었다.

그녀가 카바레 가수에서 세계적인 디자이너로 성공하게 된 결정적인 계기는 부유한 남자들과의 만남이었다. 그녀가 부유한 남자들을 만나지 못했다면 지금 우리가 알고 있는 코코 샤넬은 존재하지 않았을 것이다.

부유한 집안 출신 젊은 장교 에티엔 발장을 만나면서 샤넬은 자신의 옷 만드는 재능을 어떻게 발휘하고 어떤 식으로 광고해야 하는지 깨닫게 되었다. 그후 발장을 통해 카펠을 알게 되어 파리에서 가게를 열었다.

부의 측면에서 볼 때 코코 샤넬은, 부자들과 친하게 지내면서 자신도 점점 부자로 변신해갔다고 할 수 있다. 어렵고 힘든 유년 시절을 보낸 그녀가 부자들과 어울리기 시작하면서 가난과 생활고에서 벗어나 큰 성공을 거둔 것이다.

샤넬이 부자와 어울리지 않았다면 부자의 심리, 부자의 생활, 부자의 방법, 부자의 세계를 알지 못했을 것이다. 부자들의 모든 것은 결국 돈의 흐름과 밀접한 관련이 있다. 샤넬은 바로 그러한 돈의 흐름과 본질에 대해 눈을 뜨게 되었던 것이다.

리처드 템플러의 『부의 잠언』에 재미있는 표현이 나온다.

"겉모습은 실제로 힘을 발휘한다. 부자처럼 입어라. 그러면 사람들이 당신을 부자로 생각하고 그렇게 대우할 것이다. 스타일과 품위와 부자들의 드레스 코드를 배워라. 가난하게 보이면 가난한 대접을 받는다. 하지만 화려한 치장은 금물이다. 잘나가는 스타들이라면 몰라도 당신은 안 된다. 나도 안 된다. 우리가 추구할 것은 절제미다. 전통, 품격, 단아, 스타일, 정결, 깊고 세련된 멋. 강하고 자신감 있게 보여라."

부자와 많이 어울리는 것이 중요한 이유 중 하나는 바로 이것이다. 부자의 이미지를 입을 수 있고, 부자의 드레스 코드를 손쉽게 배울 수 있다. 그들의 스타일과 품위를 배울 수 있다. 이는 돈으로 환산할 수 없을 만큼 중요하다. 그러므로 부자와 많이 어울려라.

부자와 어울리면 그들이 알고 있는 돈 버는 원리, 성공하는 비결 등을 가까이서 확실하게 배울 수 있다. 부자들에게 돈 버는 원리를 배워 부자가 된 사람도 적지 않다. 그중에서도 '유럽의 투자 코치'라고 불리는 세계적인 경영 컨설턴트인 보도 섀퍼를 빠뜨릴 수 없을 것이다.

그는 부자로 태어나지도 않았고 부자로 살지도 못했다. 청년 때는 거액의 빚도 지게 되었다. 그는 부자의 삶이 어떤지 잘 몰랐다. 그저 빚을 지고 가난하게 살아갈 뿐이었다. 그런데 부자들을 만나고 부자들과 가까이 지내면서 삶이 바뀌었다.

그는 부자들과 어울리면서 부자들의 생각과 행동을 가까이서 배웠고, 돈 버는 원리를 터득하게 되었다. 그가 부자를 만나기 시작하고 나서 5년도 안 되어, 그는 한마디로 일을 안 해도 평생 먹고살 수 있는 부자가 되었다.

가난과 빚에 허덕이며 살다 부자들을 만나 지혜를 얻어 부자가 된 사람들은 우리 주위에도 많다. '유유상종類類相從'이라는 말이 있지 않은가. 가난한 사람들과 친하게 지내면 더 가난해진다. 날씬한 사람들과 친하게 지내면 더 날씬해진다. 신앙심이 깊은 사람들과 친하게 지내면 신앙이 깊어질 수밖에 없다. 악인과 가까이 지내다보면 어느새 범죄자가 된다.

부자와 친하게 지내면 우리도 부자가 될 수밖에 없다. 위대한 사람들과 친하게 지내면 우리 역시 위대한 사람이 될 수밖에 없다. 유명한 연예인들과 친하게 지내면 우리 역시 유명해질 수밖에 없다. 문제는 어떻게 친하게 지내느냐 하는 것이다. 스타나 연예인들과는 친하게 지내는 것이 불가능할 수 있다. 하지만 부자와 친하게 지내는 것은 얼마든지 가능하다.

당신이 명심해야 할 한 가지는 '부자 친구의 수만큼 기회도 배움도 늘어난다'는 것이다. 당신이 지금까지 부자가 될 기회가 별로 없었다면, 그 원인 중 하나는 당신에게 부자 친구의 수가 절대적으로 적었기 때문인지도 모른다. 믿기 힘들겠지만 이는 사실이다.

부자가 되고 백만장자가 되는 가장 빠른 길은, 백만장자처럼 생각하고 백만장자처럼 행동하고 백만장자처럼 옷을 입고 백만장자처럼 꿈을 꾸고 백만장자처럼 말을 하며 백만장자처럼 살아가는 것이다. 그렇게 하기 위해서는 백만장자의 삶을 가까이서 직접 보아야 한다. 그러려면 부자 친구를 많이 사귀어야 한다.

부자들과 어울리면 부자들이 공통적으로 가지고 있는 돈 버는 원리나 비결뿐만 아니라 구체적이고 개별적인 여러 가지 기술 또한 배울 수 있다. 그들만이 가지고 있는 개별적인 기술 중 하나를 소개하자면, 그것은 바로 '파는 기술'이다. 부자들은 모두 뛰어난 장사꾼이다. 그들은 자신의 능력을 제값을 받고 팔 줄 안다. 그들은 자신의 아이디어를 높은 가격에 팔 줄 안다. 그들은 자신의 물건을 두세 배 더 좋은 가격에 팔 줄 안다. 그들은 무엇보다 자기 자신을 팔 줄 안다.

리처드 템플러는 파는 기술이 부의 토대라고 말했다.

"파는 기술은 부의 토대다. 어떤 일을 하든지 돈을 벌려면 늘 무언가를 팔아야 한다. 기술을 팔고, 물건을 팔고, 아이디어를 판다. 팔지 않고는 돈을 벌 수 없다. 무엇을 어떻게 파느냐, 이것이 돈을 버느냐 마느냐를 결정한다. 이 단순한 사실을 부자는 알고, 가난한 자들은 모른다.

팔아라.

당신 자신과 당신의 능력, 기술, 자질을

잠들어 있는 순간에도 무언가를

한 번도 가본 적이 없고 들어본 적도 없는 나라에서도

다른 사람들을 통해서, 다른 누군가가 당신을 위해

생산 단가는 아주 낮지만 짭짤한 수익을 주는 것들을
당신을 위해 다른 사람들이 자금을 대고 생산하는 것들을
99퍼센트의 가정이 쓰고 있는 것들을
저장하고 운송하고 쌓아두기 쉬운 것들을."

(리처드 템플러, 『부의 잠언』)

이는 부자들에게만 있는 능력이다. 이러한 능력을 배우기 위해 아무리 이론적인 공부를 해도 소용이 없다. 이것은 체화되어야 할 그 무엇이기 때문이다. 그래서 이것을 배우는 가장 좋은 방법은 부자와 많이 어울리는 것이다.

'당신 말고는 아무도 당신을 부자로 만들어주지 못한다'는 사실을 명심해야 한다. 그러므로 자신을 부자가 될 수 있는 사람으로 바꾸어야 한다. 그러기 위해 필요한 것들 중 하나는, 당신이 뼛속까지 부자로 바뀌도록 도움을 줄 수 있는 부자 친구들이다.

매우 친하게 지내는 부자 친구가 최소한 열 명 이상 된다면 당신은 곧 부자가 될 확률이 열 배 정도 높다. 하지만 지금 현재 당신과 매우 친한 부자 친구가 단 한 명도 없다면, 당신의 친구들이 모두 부자가 아니라면, 혹은 부자가 된 친구가 있지만 당신과 멀어져 1년에 서너 번 이상 개인적으로 만나지 않게 되었다면, 당신은 부자가 될 확률이 열 배 정도 낮다.

부자로 만들어주는 두번째 지혜 -변화를 두려워해서는 안 된다

"연은 바람을 탈 때가 아니라 거스를 때 가장 높이 올라간다."

제2차세계대전을 승리로 이끈 윈스턴 처칠이 남긴 명언이다. 역풍이 분다고 해서 그것을 두려워해서는 안 되며, 오히려 그러한 변화가 연을 더 높게 날게 해준다는 사실을 깨달아야 한다.

순풍일 때 연이 더 잘 날 것 같지만 역풍일 때 훨씬 더 높게 날아오른다. 우리 인생도 이와 다르지 않다. 하지만 우리 인생에서는 순풍과 역풍을 스스로 만들어낼 수 있다. 물론 자신이 의도하지 않은 시련과 역경이 닥칠 수 있지만, 그것으로는 부족하다. 스스로 변화를 만들어내고, 자신을 혁신하고, 날마다 새롭게 바꾸는 사람만이 눈부신 미래를 기대할 수 있다. 그런 점에서 부자들은 모두 변화를 두려워하지 않는다.

역사를 살펴봐도 오랫동안 발전하고 승승장구한 나라와 민족들은 모두 변화를 두려워하지 않고 적극적으로 변화를 주도했다는 사실을 알 수 있다.

영국의 역사가 아널드 J. 토인비는 『역사의 연구』에서 독자적이고 탁월한 문명사관을 제시했다. 문명의 역사는 '도전과 응전'의 역사라는 주장이다. 문명이 발흥한 곳을 살펴보면, 변화가 필요 없는 안전하고 안락한 지역이 아니라 끊임없이 응전하고 변화를 추구해야 하는 척박한 지역과, 도전과 위협으로 하루도 편히 안주할 수 없기에 늘 변화를 추구해야 하는 지역에서 찬란한 문명이 발달했다는 것이다.

이집트와 수메르, 인도, 중국 문명과 세계 종교의 발상지가 모두 척박하고 위협이 끊임없이 발생하는 지역이라는 점이 그의 주장을 뒷받침한다. 가령 고대 중국 문명의 경우, 따뜻한 기후에 비옥한 땅이 있고 농사짓기에도 매우 좋은 양쯔강에서 문명이 발원한 것이 아니라, 혹독한 추위와 잦은 하천 범람으로 생명까지 수시로 위협받는 척박하고 험난한 황하 지역이 4대 문명 발상지 중 하나였다.

역사적으로 볼 때 많은 나라와 민족들이 실패한 원인은 찬란했던 시절에 대한 기억이라고 그는 주장한다.

"역사적 실패의 절반은 찬란했던 시절에 대한 기억에서 시작되었다."

과거에 성공했던 방식과 그 전략, 노력을 벗어나지 못하고, 변화를 이루지 못한 민족이나 국가는 결국 망했다는 것이다.

『습관부터 바꿔라』(중앙북스, 2011)라는 책에 아주 의미심장한 문장이 나온다.

"기원전 3세기경, 지구촌에는 대토목공사가 두 군데에서 진행됐다. 한쪽은 진나라의 만리장성이었고 다른 한쪽은 로마의 가도 공사였다. 둘 다 대규모 공사였지만 만리장성으로 외부와 담을 쌓은 진나라는 곧 멸망하였고 길을 낸 로마는 천년제국을 이루었다."

이처럼 변화를 두려워하는 국가와 개인에게는 미래가 없다. 하지만 변화를 두려워하지 않고 혁신을 실천하는 국가와 개인에게는 눈부신 미래가 기다리고 있다. 부자가 되고 성공하고자 하는 사람은 더욱더 변화를 두려워해서는 안 된다.

위기는 곧 기회라는 말처럼 변화 속에 새로운 기회와 위기가 뒤섞여 있는 법이다. 변화를 두려워하는 사람은 그 어떤 기회도 얻지 못하지만, 변화를 두려워하지 않고 변화를 추구하는 사람은 수많은 기회를 만날 수 있다.

그래서 익숙한 것들과 결별하는 사람이 부자가 되고 성공할 확률이 높은 것이다. 부자가 되고자 한다면 변화를 두려워하지 말고, 익숙한 것에서 벗어나 낯설고 불편한 것들을 향해 돌진할 수 있어야 한다.

몽골의 수도 울란바토르 근교에는 돌궐제국의 명장인 '톤유

쿠크'의 비석이 있다. 그 비석에는 다음과 같은 말이 새겨져 있다.

"성을 쌓고 사는 자는 반드시 망할 것이고, 끊임없이 이동하는 자만이 살아남을 것이다."

몽골제국을 건설한 탁월한 군사 전략가이자 제왕인 칭기즈칸은 다음과 같은 말을 했다.

"내 자손들이 비단옷을 입고 벽돌집에 사는 날 내 제국이 망할 것이다."

이러한 말들이 강조한 것은, 지금 이 자리에 안주하면 그것은 곧 망하는 지름길이라는 사실이다. 변화하는 자만이, 끊임없이 이동하는 자만이 살아남을 수 있다는 것이다.

성공하는 사람, 부자가 된 사람들은 몇 번의 실패로 주저앉거나 포기하지 않는다. 그들은 도전하고 또 도전하는 지혜가 있다. 실패가 자신을 평가하고 자신의 가치를 나타낸다고는 생각하지 않는다. 그들은 지금의 실패를 부끄럽게 생각하지 않는다. 모든 실패는 좀더 나은 성공을 위한 밑거름이 되며, 그들은 성공했을 때보다 실패했을 때 더 많은 것을 배울 줄 안다.

수많은 실패에도 불구하고 도전하고 또 도전할 수 있는 지혜를 갖추었다면 부자가 될 수 있다. 도전은 용감하고 대담한 사람들만이 하는 것이 아니다. 오히려 지혜가 있어야 할 수 있다. 자신의 사고의 틀, 습관의 틀, 환경의 틀 속에 갇혀버린 사람들은 절대로 도전하고 또 도전할 수 없다.

1인 기업가로 성공한 공병호는 『명품 인생을 만드는 10년 법칙』(21세기북스, 2006)에서 모든 성공은 도전에서 시작된다고 말했다.

"성공에는 분명한 법칙이 있다. 그것은 도전에서 시작된다. 도전하는 삶은 늘 새로운 기회를 제공하고, 새로운 시도는 항상 신선한 자극을 준다. 적당히 사는 인생은 적당한 대우밖에 받을 수 없다. 평범을 단호하게 거부하고 스스로 환경을 만들어나가라. 자신이 가진 에너지를 전부 쏟아부어 일하라. 자신이라는 존재를 세상에 드러내고 내 인생을 일으켜 세우려는 강한 각오와 열의로 시작하라."

문제는 똑같은 환경, 엇비슷한 능력과 기술을 가진 두 사람이 있을 때, 어떤 사람은 도전을 포기하지 않지만 어떤 사람은 쉽게 포기하고 만다는 것이다. 그 차이를 만드는 것은 결국 지혜이다. 지혜는 사고의 틀, 환경의 틀, 실패의 틀에서 과감하게 벗어나게 해준다.

지혜가 없으면 자신의 환경과 실패의 틀 속에 매몰되어 벗어나지 못한다. 이는 '학습된 무기력'과 같은 원리이다. 벼룩, 코끼리, 금붕어 등이 모두 학습된 무기력을 나타낸다. 그리고 인간 역시 그렇다.

벼룩은 자기 키의 몇십 배를 뛰어오를 수 있는 높이뛰기 선수이지만, 유리벽으로 천장의 높이를 낮게 막아버리면 처음에는 머리가 깨질 정도로 뛰어오르지만 결국 그 높이 이상으로 뛰지 못하게 된다. 유리벽을 치워도 학습된 무기력으로 인해 절대로 유리벽보다 더 높이 뛰지 않는다. 몇십 배 더 높이 뛸 수 있는 능력이 있음에도 실패의 틀 속에 갇혀 벗어나지 못하게 되는 것이다.

코끼리를 어릴 때 작은 말뚝에 짧은 끈으로 묶어놓으면, 처음에는 벗어나려고 발버둥치지만 벗어날 수 없다는 사실을 인식하게 된다. 그 코끼리는 성장한 후에도 여전히 작은 말뚝에 짧은 끈으로 묶어놓는다. 불이 나서 불에 타는 한이 있어도 그 코끼리는 그 자리를 벗어나지 못한다. 자신의 실패의 틀 속에 갇혀버렸기 때문이다.

우리에게 지혜가 없으면, 자신이 충분히 성공할 수 있다고는 생각하지 못하고 과거 실패의 경험에 매몰되어 그 틀을 벗어나지 못한다. 그래서 다시 도전할 엄두를 내지 못한다. 자신이 충분히 해낼 수 있는 일이라고 생각할 때 도전할 수 있기 때문이다. 그런 점에서 도전은 지혜의 요소와 가깝다.

도전하기 위해서는 무엇보다 두려움을 극복해야 한다. 특히 변화를 두려워해서는 안 된다. 부자들과 성공한 사람들은 변화를 두려워하지 않은 사람들이다.

지금 당장 변화를 위해 행동하고 실천해야 한다. 혹시 당신은 항상 입에 발린 소리를 하고 있지 않은가? 항상 가난을 탓하고 세상을 탓하며 소시민적 근성을 버리지 못한 채 살아가고 있지 않은가? 항상 등이 구부정하고 무기력한 패배자 혹은 자포자기한 사람처럼 힘없이 걸어다니고 행동하지는 않는가?

자신이 곧 부자가 될 것이라고 당당하게 선언하며 부자처럼 생각하고 행동해보자. 자신의 이미지를 전체적으로 관리해야 할 필요가 있다. 우리는 인생의 전부를 지금 당장 바꿀 수는 없다. 하지만 1퍼센트에 해당하는 말과 행동, 자세, 눈빛, 생각은 바꿀 수 있다. 그 1퍼센트가 결국 우리 인생의 전부인 100퍼센트를 바꾸는 마중물이 되어주고도 남는다. 그러므로 하루에 한 가지, 1퍼센트씩 변화를 추구해보자.

우리가 부자가 되지 못한 것은 겁이 많고 안전만을 추구하고 모든 변화에 저항하려는 '파충류의 뇌' 때문이라고 할 수 있다. 우리가 두려움을 느껴 도전하지 못하고 변화 의지를 상실하게 만드는 그 모든 것은 파충류의 뇌의 활동 때문이다.

우리 뇌에서 가장 처음 진화했고 가장 오래전에 만들어진 것이 바로 파충류의 뇌이다. 파충류의 뇌는 생존과 분노와 욕정만을 갈망한다. 그래서 변화를 싫어하고 무조건 저항한다. 파충류의 뇌는 그저 지금처럼 생존하면서 먹고 자고 섹스하는 것 외에는 그 어떤 것도 추구하지 않으며 변화를 시도하려 하지 않는다.

변화를 두려워하지 않기 위해, 변화를 추구하고 도전하기 위해서는 반드시 파충류의 뇌와 싸워 이겨야 한다. 부자가 되는 최고의 비결은 손해보기를 두려워하지 않는 것이다. 손해보는 것을 두려워하지 않는 사람만이 변화를 추구할 수 있다. 변화를 추구할 수 있는 사람만이 미래를 위해 보다 나은 도전과 모험을 감행할 수 있다.

인생에서 가장 어리석은 사람은 안전을 위해 그 어떤 변화도 추구하지 않는 사람이다. 인생에서 가장 위험한 일은 아무런 위험에도 뛰어들려 하지 않는 것이다. 어떤 위험도 감수하지 않으려 하는 길은 결국 평생 가난하게 사는 최고의 길이라고 할 수 있다.

『부자의 생각은 당신과 다르다』(무한, 2008)라는 책의 서문에 다음과 같은 말이 나온다.

"부자와 빈자의 기본적인 차이는 '생각하는 방식'에 있습니다. 부자는 도전적이고, 창조적으로 사고를 합니다. 빈자는 수동적이고, 답습적으로 생각을 합니다. 수백억 원의 재산가였다가 한 번의 실패로 손안의 거의 모든 재산을 날려도, 수년 후에 더 크게 일어서서는 오히려 수천억 원의 재산을 보유하는 부자들이 세계에는 많이 있습니다.

부자는 핑계를 대지 않습니다. 감각적으로 머리에 떠오르는 생각을 섬광처럼 실행에 옮깁니다. 남의 눈치를 안 보고, 이거다 싶으면 바로 달려듭니다. 가정의 생활비만 남겨두고는 가진 것의 모두를 베팅하는 배짱이 있습니다. 만약 재산이 없으면, 없는 대로 빌려서 투자에 들어갑니다."

이처럼 부자들은 도전적이고 배짱도 있다. 그들은 더 나은 미래를 위해 어제와 다른 방식과 삶의 변화를 끝없이 갈망하며 실천하고 만들어나간다. 부자들이 가지고 있는 DNA 중 하나는, 변화를 두려워하지 않기 때문에 모험을 좋아한다는 것이다. 영국의 스티브 잡스라 불리는 '버진 그룹'의 창업주 리처드 브랜슨은 세상이 다 아는 모험광이다. 그가 성공한 이유를 한 가지 대라고 한다면 나는 주저 없이 변화를 두려워하지 않고 새로움에 도전했기 때문이라고 말할 것이다. 그는 목숨을 걸고 기구 여행을 할 정도로 모험을 좋아한다. 그는 다음과 같은 말을 했다.

"나는 가슴이 이끄는 대로 살고, 새로운 것에 도전하며, 상상한 것을 현실로 만들어놓는다. 내 꿈과 열정에 솔직한 것, 그것이 내 삶이고 경영이다."

조지 소로스와 함께 퀀텀 펀드를 창업한 전설적인 투자가 짐 로저스 역시 모험광이다. 그는 30대 후반에 은퇴했다. 모험을 하기 위해서였다. 오토바이를 타고 세계 일주를 하고, 나중에는 자동차로 세계 일주를 했다. 그 여정중에 결혼을 하고, 안전이 보장되지 않는 위험 지역을 가기도 했다.

이들처럼 대부분의 부자들은 모험을 좋아하는 경향이 있다. 그리고 그들의 모험을 좋아하는 특성은 결국 그들로 하여금 더 많은 기회를 만들고 발견하게 하며, 더 많은 것을 경험하게 한다. 결국 그러한 것들이 더욱 부자가 되도록 이끄는 원동력이 된다.

부자들은 모두 모험을 좋아하고 변화를 두려워하지 않는다는 사실을 확실히 알려주는 책이 있다. 〈포브스〉지가 지난 25년 동안 추적한 '포브스 400'(미국의 부자들을 일컫는 대명사), 400대 부자들의 삶과 그들이 어떻게 재산을 모으고 어디에 썼는지를 밝힌 『리치』(21세기북스, 2008)라는 책에 다음과 같은 말이 나온다.

"만일 포브스 400대 부호가 되기 위한 가장 중요한 원칙이 있다면 그것은 바로 리스크 감수다. 상속받은 재산이 없는 사람이 부자가 되는 가장 확실한 방법은 높은 위험을 무릅쓰고 모험을 시도하는 것이다.

포브스 400 부자들이 대부분 카드놀이와 포커의 고수들이라는 사실에는 나름대로 의미가 있다. 헤지펀드의 황제 스티브 코헨은 고등학교 다닐 때 밤을 새우며 포커를 쳤다. 언론 재벌 존 클러지는 대학 시절을 포커와 함께 보낼 정도로 포커광이었다. 서로 닮은 데라고는 별로 없지만 미국 역사상 가장 부유한 두 사람으로 손꼽히는 빌 게이츠와 워런 버핏도 모두 포커와 브리지게임을 좋아한다. 대다수의 포브스 400 부자들은 꿈을 이루기 위해 어떤 때는 수차례에 걸쳐 높은 위험을 감수하기도 한다."

포브스 400 부호들은 위험에 대해 일반인과 다른 생각을 갖고 있다. 그들은 위험을 기꺼이 감수할 줄 알고 변화를 두려워하지 않기에, 자신이 가진 모든 것을 지렛대 삼아 큰 그림을 실현하기 위해 과감하게 뛰어든다. 그 지렛대를 만들기 위해 자신의 집과 주식과 부동산, 마지막 남은 전 재산까지 과감하게 모두 걸 줄 안다.

성공하고 부자가 되기 위해서는 자신의 모든 것을 쏟아부을 줄 알아야 하고, 위험을 잘 관리할 줄 알아야 하고, 무엇보다 변화를 두려워하지 않아야 한다. 부자들이 그토록 실패하면 완전히 파산할지도 모를 거래를 연이어 하면서도 편안하게 밤잠을 자면서 지낼 수 있는 이유는, 실패의 두려움을 압도할 만큼 성공에 대한 확신과 자기 자신에 대한 흔들림 없는 확신을 품고 있기 때문이다.

부자로 만들어주는 세번째 지혜 -남이 정해준 길을 무시하라

2003년 2월 18일 대구 지하철 1호선 중앙로역에서 방화로 지하철에 화재가 발생했다. 이로 인해 열차가 불에 타 뼈대만 남았고, 192명이 사망하고 148명이 부상당했다. 대구 지하철 전동차 화재 참사로 인명 피해가 그렇게 많이 발생하게 된 가장 큰 원인은, 1080호 열차 기관사의 잘못된 방송 때문이었다.

정작 방화로 인해 화재가 난 1079호 열차에서는 인명 피해가 상대적으로 적었다. 하지만 뒤늦게 역에 들어온 1080호 열차에서 승객 142명이 출입문이 닫혀 갇히면서 더 큰 인명 피해가 발생한 것이다.

이 과정에서 안타까운 상황이 많이 발생했다. 1079호 전동차에서 화재가 일어나고 3분 뒤에 중앙로역 구내로 진입한 1080호 전동차는 처음에는 출입문이 열렸지만 이내 곧 다시 닫

히면서 객실 방송으로 다음과 같은 내용이 안내되었다.

"화재가 났기 때문에 잠시 기다려주십시오."

방송에 따라 객차 안에 있던 승객들은 아무 의심 없이 객실 안에서 기다렸다. 이 방송만 아니었다면 승객들은 스스로 판단하여 화를 모면했을지도 모른다.

기관사가 마스터키를 뽑아 도망가버리자, 안내 방송만 믿고 기다리던 승객들은 모두 열차 안에 갇힌 신세가 되었다. 침착하고 민첩하게 빠져나올 수 있었던 그 아까운 시간이 기관사의 잘못된 방송과 이기적인 행동 때문에 사라지고 만 것이다.

불행 중 다행으로 1080호 전동차의 4호 객차에는 기차 객실 차장으로 10년, 여객 전무로 4년을 근무했던 철도청 공무원이 타고 있었다. 그는 당시 경북 영천시 금호읍 금호역장이었던 권춘섭 씨였다. 권씨는 기관사의 지시를 따르지 않았다. 아무래도 뭔가가 잘못 돌아가고 있다는 것을 직감했던 것이다.

연기가 객실 안으로 스며들어 호흡이 곤란할 지경인데도 아무런 안내 방송이나 조치가 없자, 권씨는 문 옆 의자 밑에 있는 비상 코크를 열고 만일의 경우에 대비했다. 다른 객차에서는 객실 내에 불마저 꺼지자 당황한 채로 질식사한 승객이 적지 않았다. 하지만 권씨의 기지로 그가 탑승한 객차의 승객 60여 명은 무사히 빠져나올 수 있었다.

권씨는 타인의 지시를 그대로 따르지 않았다. 그는 문을 열고 나왔고, 그 결과 자신의 목숨은 물론 타인의 목숨도 구했다.

최악의 상황에서 자기 목숨을 책임질 사람은 자기 자신이다. 자신의 눈으로 보고 듣고 생각한 것만을 바탕으로 용기 있는 선택을 하는 것은 매우 어렵고 힘든 일이다. 하지만 그렇게 선택했을 때 후회가 없다. 남이 지시하는 길을 선택하여 목숨이나 재산에 손해를 본 뒤에 아무리 타인을 원망해봐야 소용없다.

남이 정해준 길, 남이 내린 지시는 그저 지시일 뿐이다. 그것을 따를 것인지 말지는 자신이 선택해야 한다. 위급 상황이나 일분일초가 중요한 상황에서 타인의 지시를 무조건적으로 따를 필요는 없다. 그 사람은 당신의 생명과 재산을 지켜주고 책임질 사람이 아니기 때문이다. 정상적인 상황에서는 기관사의 지시를 따르는 것이 우리의 생명을 지키는 최선의 선택이다. 하지만 위급한 상황에서 기관사의 지시만을 따르는 것은 타인에게 자신의 생명을 맡기는 것과 다를 바 없다.

대구 지하철 참사와 같이 타인의 지시를 따르다 아까운 목숨을 잃은 경우가 세계무역센터 참사인 9·11 테러 당시에도 일어났다.

2001년 9월 11일 항공기를 납치하여 동시다발적인 자살 테러가 발생했다. 이로 인해 미국 뉴욕의 110층짜리 세계무역센터 쌍둥이 빌딩이 무너지고, 워싱턴 D.C.의 국방부 펜타곤이 공격을 받았다.

8시 45분 아메리칸 항공 소속 AA11편이 세계무역센터 북쪽 건물과 충돌했다. 이때 남쪽 건물은 아직 무사했다. 비행기가 충돌하기 전이었기 때문이다. 18분 후인 9시 3분에 유나이티드 항공의 UA175편이 남쪽 건물과 충돌했다. 그러고 나서 56분이 지난 뒤 9시 59분경에 남쪽 건물이 붕괴되었고, 북쪽 건물은 10시 30분경에 완전히 붕괴되었다.

우리가 배워야 할 중요한 교훈은, 이 건물 속에서 같은 시간에 같은 층의 근접한 사무실에서 어깨를 맞대고 일하던 사람들 중에서도 어떤 사람은 생존했지만 어떤 사람은 생명을 잃었다는 사실이다. 똑같은 상황에서 충분히 빠져나올 수 있었음에도 왜 수많은 사람들이 생명을 잃었을까.

만약 당신이라면 어떻게 할 것인가? 당신은 아침에 출근했다. 잠에서 덜 깬 상태에서 전망 좋은 식당에서 아침식사를 했다. 그러고 나서 전자우편을 확인하면서 업무를 시작하기 위해 서서히 준비하고 있었다. 110층짜리 건물의 89층에서 수많은 동료들과 함께 사무실에 앉아 있었다.

그런데 바로 그때 폭탄 터지는 소리가 났다. 누군가 "폭탄이 터졌다"고 외쳤다. 어디선가 매캐한 냄새와 연기가 나기 시작했고, 동료들이 우왕좌왕했다. 전화는 불통이고, 휴대전화도 제대로 연결되지 않았다. 평소에 그렇게 똑똑해 보이던 최고의 엘리트 동료들이 중구난방으로 의견을 내놓았다. 누군가는 89층을 걸어서 내려가야 한다고 말한다. 바로 옆에 앉아 있던 동료는 20층만 올라가면 된다고 한다. 또 어떤 사람들은 사무실에 그대로 있는 편이 더 안전하다고 한다.

당신은 어떻게 할 것인가? 그 상황에서 우리가 반드시 명심해야 할 사항은 진짜 위기 상황이라면, 즉 당신의 생명이 위험한 상황이라면 '시간이 그리 많지 않다'는 사실이다. 그리고 '당신이 선택해야 한다'는 것이다.

구조대원 및 생존자와의 인터뷰와 엄청난 분량의 전화, 이메일, 긴급 무전 내용 등을 바탕으로 당시 상황을 생생하게 재구성한 『102분』(동아일보사, 2005)이라는 책을 보면, 위기 상황에서 어떻게 행동해야 하는지에 대해 귀중한 교훈을 얻을 수 있다.

남쪽 타워의 78층에서 근무하고 있던 후지 은행 직원들은 실제로 북쪽 타워가 공격받자마자 평소 훈련한 대로 사무실을 떠나 재빨리 1층 로비까지 내려왔다. 그들은 거의 생존에 성공한 것이나 다름없었다. 그런데 1층 로비에서 근무하던 안전 요원이 그들에게 어처구니없는 지시를 내린다.

"사무실로 돌아가세요. 이 건물은 안전합니다."

타인의 지시를 무시하지 못했던 이들은 귀중한 생명을 잃었다. 같은 건물 93층에서 근무를 했던 에이온 보험사의 한 직원도 같은 경험을 했다. 1층 로비까지 내려온 그는 경비원에게 똑같은 말을 들었다. 그런 말을 듣더라도 위기 상황에서 자신의 생명을 끝까지 책임질 사람은 자기 자신뿐이라는 사실을 명심해야 한다. 그는 경비원의 지시를 따라 다시 사무실로 올라갔고, 결국 탈출할 시간이 없다는 것을 알게 되었다. 그는 죽기 직전에 전화로 가족에게 다음과 같은 후회를 남겼다.

"내가 왜 그 사람들 말을 들었을까요? 그 말을 무시했어야 했는데요."

그들뿐만 아니라 탈출할 시간이 충분했음에도 많은 사람들이 탈출하지 않고 사무실에 머무르다 아까운 생명을 잃었다. 많은 이들이 마지막 순간에 주변 사람들에게 전화를 해서 다음과 같은 메시지를 남겼다고 한다.

"건물 관리자들이 우리에게 사무실을 떠나지 말라고 명령했기 때문에 어디에도 갈 수가 없어요. 구조대가 오기만 기다리고 있어요. 이제 어떻게 해야 할지 모르겠어요. 지시하던 사람들도 이제 없어요."

위기 상황에서는 절대로 타인의 지시를 따르면 안 된다. 위기 상황에서는 누구의 판단이 옳은지 아무도 알 수 없기 때문이다. 오히려 본능에 충실할 때 생존 확률이 더 높다.

지금 우리 사회도 위기 상황이다. 이럴 때에는 타인의 지시를 그대로 따르면 안 된다. 타인이 시키는 대로 열심히 공부하고 열심히 노력해서 좋은 직장에 들어가 취직해서 살아가라는 말을 그대로 따르면 절대 부자가 될 수 없다.

『부자 아빠, 가난한 아빠』에서는 이러한 사실에 대해 적나라하게 말하고 있다.

"평균적인 교육을 받고 열심히 일하는 대개의 사람들의 삶은 비슷합니다. 35년 전에 태어난 이 행복한 부부는 이제 '쥐 경주'에 갇힌 채 평생 동안 일에 몰두합니다. 이들은 회사의 주인을 위해서, 세금을 내야 하는 정부를 위해서, 그리고 융자금과 신용카드를 갚아야 하는 은행을 위해서 일합니다.

그러고는 아이들에게 이렇게 얘기합니다. '열심히 공부해서 좋은 성적을 받고 안정된 직장이나 직업을 찾아라.' 이들은 돈에 대해서는 아무것도 배우지 않습니다. 다만 자신들의 순진함으로 득을 보는 사람들에게서만 배웁니다. 그러고는 평생 열심히 일합니다. 이런 과정이 열심히 일하는 또다른 세대에게 전달됩니다. 이것이 바로 '쥐 경주'입니다."

가난한 사람들은 자녀에게도 똑같이 지시한다. 그런데 그것은 평생 가난하게 사는 방법이다. 가령 가난한 아빠들은 자녀에게 "돈을 좋아하는 것은 모든 악의 근원이고, 공부를 열심히 해서 좋은 직장을 구해야 하고, 돈은 안전하게 사용하고 위험은 피해야 한다"고 말한다. 그리고 그 자녀들은 가난한 부모의 말이 최고의 인생을 살아갈 수 있는 최고의 길인 양 그대로 따른다. 하지만 부자가 되는 사람들은 대부분 이러한 지시를 무시한다.

부자들은 누군가가 정해준 길을 무시하고 자신이 스스로 만든 길을 간다. 그 길은 부자가 되고 성공하는 길이다. 가난한 사람은 더 가난해지고 중산층이 빚에 억눌리는 한 가지 이유는, 그들이 타인의 지시를 따르기 때문이다.

직장에 취직하여 시키는 일만 하는 사람은 자신의 길을 직장 상사나 고용주에게 의탁하는 것과 다를 바 없다. 하지만 그들은 절대로 당신이 부자가 되도록 책임지지 않을 뿐만 아니라 책임질 수도 없다.

변혁의 시대에는 타인이 제시하는 길을 따라가는 것이 가장 위험하다. 특히 모든 것이 빠르게 변화하는 이 시대에 부자가 되려면, 타인이 제시하는 길을 벗어나 자기만의 길을 가야 한다. 부자가 되려면 남들이 보지 못하는 것을 볼 수 있어야 하고, 남들이 생각하지 못하는 것을 생각해낼 줄 알아야 한다. 그런 사람이 되기 위해서라도 타인의 지시만 따르는 삶에서 탈피해야 한다.

부자들은 모두 타인의 지시를 따르기보다 자신의 직관에 더 충실했다. 자신의 직관에 충실하고 그것을 따를 때 많은 기회가 보인다. 타인의 지시에 따르고 타인이 제시하는 길을 가는 사람들은 지천에 깔려 있는 기회를 발견할 수 없다. 부자가 되는 길은 타인이 만들어주는 길에서 벗어나는 것이다.

부자로 만들어주는 네번째 지혜
-뇌를 강화하여 잘 활용하라

"머리는 그냥 달고 다니는 장식이 아니야."

이런 우스갯소리를 드라마나 예능에서 심심찮게 들을 수 있다. 누군가가 너무 멍청한 짓을 하면 이렇게 말한다. 우리는 그런 상황을 보며 파안대소한다. 하지만 우리 자신도 그런 상황의 주인공 못지않게 머리를 잘 사용하지 못하고 있다는 사실을 싫어도 인정해야 한다.

뇌를 지금보다 몇 퍼센트만 더 잘 활용했다면 우리의 삶은 지금과 매우 달라졌을 것이다. 우리는 뇌에 대해 공부하지 않았다. 그래서 뇌에 대해 잘 모른다. 하지만 신경정신과 의사들과 뇌 과학자들이 지금까지 내놓은 연구 결과를 종합해보면 몇 가지 중요한 사실을 알 수 있다.

우리가 먼저 알아야 할 사실 중 하나는 인간의 최후 미개척지는 우주가 아니라 우리의 뇌라는 사실이다. 그만큼 우리는 아직도 우리 뇌에 대해 거의 대부분을 알지 못한다. 이 말이 의미하는 바는, 그만큼 뇌는 단순하지 않다는 것이다. 우리가 뇌를 조금이라도 더 이해하고 잘 활용한다면 지금과는 다른 삶을 살아갈 수 있을 것이다.

신경정신과 의사 유상우는 『부자가 되는 뇌의 비밀』(21세기북스, 2004)에서 부자와 일반인의 차이는 바로 뇌라고 주장했다. 부자들은 배외측 전전두엽을 매우 효과적으로 활용하는 데 뛰어나다고 한다. 부자들은 패턴화 사고, 자동 사고, 감정 조절 능력 측면에서 일반인과 다르며, 그러한 뇌 활용의 차이가 부자와 일반인을 가르는 잣대가 될 만큼 중요하다는 것이다.

부자들은 규칙을 잘 찾는 경향이 있다. 즉 그들은 공부를 해서 학식을 많이 갖추기도 하지만, 숨어 있는 패턴을 잘 발견함으로써 세상과 사회의 본질을 꿰뚫어보는 혜안을 가지고 있다. 그러한 혜안은 뇌의 활용에 달려 있다.

가령 'A, Z, B, Y, C, X, D, ?'라는 문자열이 있다고 하자. '?'에 들어가야 할 문자는 무엇인지 생각해보라. 제한 시간은 30초다.

만약 당신이 어떤 문자를 생각해냈고, 그것이 정답이라면 당신의 뇌는 부자의 뇌와 비슷하다. 하지만 발견하지 못했다면, 혹은 발견했지만 정답이 아니라면 당신의 뇌는 부자의 뇌와 차이가 있다.

문자열을 보면 A, B, C, D가 순서대로 패턴화되어 있고, 반대로 알파벳의 뒤에서부터 나오는 Z, Y, X가 역순으로 패턴화되어 있다. 그렇기 때문에 정답은 Z, Y, X 다음에 역순으로 오는 알파벳이다. 즉 A, B, C, D는 앞에서 순서대로 진행되고 Z, Y, X는 뒤에서부터 거꾸로 순서대로 진행되는 것이다. 부자들은 이처럼 숨어 있는 패턴을 잘 발견해낸다.

"부자들은 패턴화를 잘한다. 내가 참여한 부자와 뇌의 상관관계를 밝히는 실험에서도 부자들은 뛰어난 패턴화 능력을 보였다.

나는 부자와 일반인의 패턴화 능력을 파악하기 위해서 피험자를 두 그룹으로 나누고 카드 분류 검사를 비롯해 게임 형식의 다양한 테스트를 실시했다. 그 결과 부자들은 빠른 속도로 패턴을 파악했으며 새로운 규칙이 적용돼도 민첩하게 적응하며 문제를 해결해나갔다. 반면 일반인은 처음에는 게임 패턴을 잘 파악하다가도 규칙이 바뀌면 기민하게 대응하지 못하고 계속 실수를 반복했다. 또한 '될 때까지 한다'는 식으로 한번 정한 규칙을 바꾸려 하지 않았다.

'될 때까지 한다'는 성질을 '보속성保續性, perseveration'이라 하는데, 이는 문제 해결에 전혀 도움이 되지 않는 쓸데없는 고집이다. 가령 옷을 입었는데 첫 단추를 잘못 끼웠다고 하자. 옷을 바르게 입으려면 첫 단추부터 다시 제대로 끼워야 한다. 첫 단추를 잘못 끼우면 아무리 아래 단추를 바꿔 끼워도 옷을 바르게 입을 수 없다."(유상우, 『부자가 되는 뇌의 비밀』)

결국 부자가 되게 해주는 것은 좋은 뇌이다. 그리고 그 뇌를 형성하는 것은 우리 자신에게 달려 있다. 유상우 박사는 하루 3분씩 간단한 셈을 2개월간 꾸준히 연습하면 기억력과 인지력 같은 뇌의 기본 능력이 20~30퍼센트 정도 향상될 수 있다고 강조한다. 우리가 얼굴이나 몸매 혹은 옷차림에 신경쓰는 만큼 조금만 더 뇌에 신경쓰고 간단한 자극을 주고 훈련하기만 해도 우리 뇌는 훨씬 더 유연하고 창조적인 뇌로 바뀔 수 있다.

결국 부동산 투자나 주식 투자, 경매, 기업 경영, 새로운 발명과 발견, 창조적인 활동, 유연한 대처 능력 등은 모두 우리 뇌의 활동에 달려 있는 셈이다.

매장 인테리어를 바꾸는 것에 따라 매출이 30퍼센트 오르고, 쇼핑 환경을 바꾸는 것에 따라 손님들로 하여금 상품을 더 많이 구매하게 할 수 있는 것은, 우리가 알지 못하는 뇌의 반응 때문이다. 우리는 스스로 잘 인식하지 못하지만 우리 뇌는 환경에 반응하고, 그러한 뇌의 반응은 결과적으로 이성적인 판단에 큰 영향을 미친다는 사실을 알아야 한다.

주식 투자나 부동산 구매를 할 때 아무리 경험이 많고 지식이 있다 해도 결정을 내리는 핵심은 우리 뇌이다. 뇌가 좀더 강력해진다면 더 나은 선택을 할 수 있는 것이다. 즉 부자와 빈자는 지식과 습관 등에서 차이가 있는 것처럼, 뇌의 상태와 활용 정도에서도 확실한 차이가 존재한다.

부자가 되기 위해서도 그렇지만, 즐겁고 건강하게 살면서 암이나 성인병에도 걸리지 않고 장수하기를 바란다면, 뇌를 좋은 상태로 끌어올릴 필요가 있다. 『뇌내혁명』(사람과책, 2002)의 저자 하루야마 시게오는 뇌에서 좋은 호르몬을 많이 분비하게 하는 것이 즐겁고 건강하게 살아가면서 병에 걸리지 않고 장수하는 비결이라고 주장한다. 그뿐 아니라 "즐겁고 유쾌한 마음을 항상 유지하는 것이 뇌에서 좋은 호르몬이 분비될 수 있도록 해주는 최고의 방법이므로 항상 즐거운 마음으로 살아야 한다"고 주장한다. 가령 작은 일에도 자주 화를 내고 분노를 느끼는 사람들은 유해한 호르몬인 노르아드레날린이 뇌에서 분비된다. 이러한 것들은 뇌를 파괴하고 우리 몸과 마음을 파괴한다. 이러한 상태에서는 뇌가 최상의 상태일 수가 없다. 그 결과 어떤 선택을 하든 최악의 선택을 하게 된다. 주식이나 부동산 투자도 잘할 수 없다.

주위를 보면, 냉철하면서도 평상심을 항상 유지하며 여유가 있는 사람들이 주식이나 부동산 투자를 잘하고 돈도 잘 번다. 이들은 알게 모르게 자신의 뇌를 최상의 상태로 유지하며 뇌를 강화시켜나간다.

물론 뇌를 최상의 상태로 유지하며 강화시킨다고 해서 모든 사람이 부자가 되는 것은 아니지만, 부자들은 항상 빠른 판단력과 결단력을 유지하고 있다. 그들이 그렇게 할 수 있는 이유는 뇌를 강화하여 잘 활용하기 때문이다.

많은 사람들이 뇌는 이미 태어날 때 혹은 어렸을 때 성장이 멈추고, 평생 동안 더이상 좋아지지 않을 뿐만 아니라 나이가 들수록 더 나빠질 것이라고 생각한다. 물론 몇십 년 전까지만 해도 이것이 정설이었다.

하지만 현대 뇌과학자들은 이러한 통념에 반기를 들고 나섰다. 인간은 일생에 걸쳐 뇌가 점점 더 좋아질 수 있다는 것이다. 이러한 주장의 토대가 되는 용어가 바로 '신경 가소성neuro plasticity' 혹은 '시냅스 가소성synaptic plasticity'이다. 한마디로 말하자면, 시냅스나 뉴런 또는 뇌의 영역들이 자극 패턴의 변화나 사용, 자극에 반응하여 속성을 바꾸는 능력이다. 다른 말로 '가소적 변화plastic change'라고도 한다.

불과 20년 전까지만 해도 신경세포인 뉴런은 성장이 멈춘 후부터는 사멸될 뿐 더이상 변화가 없다고 알려져 있었다. 그래서 나이가 들면 머리가 급속도로 나빠지는 것이 당연하다고 생각했다. 하지만 천재 과학자 에릭 R. 캔들Eric R. Kandel은 뉴런의 소통이 일어나는 시냅스의 가소성으로 기억, 습관화 등의 메커니즘을 설명하여 노벨상을 수상했다. 그는 인간의 습관화, 학습과 기억, 손상 후 세포의 회복 등의 기전이 신경 가소성으로 인한 것이라는 연구 결과를 발표했다.

뉴런은 모든 신경계의 기본 단위이다. 인간의 뇌는 약 1,000억 개의 뉴런으로 구성되어 있다. 이러한 뉴런은 각각 약 1,000개의 시냅스를 형성한다. 뉴런이 일반 세포와 다른 점은, 멀리 떨어진 세포와 신속하고 정확하게 소통하는 능력이 있다는 점이다.

우리는 어떻게 하면 머리가 좋아질 수 있을까 하는 점에 주목해야 한다. 어떻게 해야 뇌를 더 강화시키고 단련할 수 있을까? 이러한 질문에 조지워싱턴대학교 의과대학 신경과 임상교수인 신경과학자 리처드 레스탁Richard Restak은, 한마디로 다채롭고 풍성한 경험, 도전적인 경험을 하라고 조언한다.

신경 가소성 이론에 따르면, 새로운 뇌 세포를 생성시키고 성장시키는 데 반복적인 자극과 변화가 매우 중요하다는 것을 알 수 있다. 세계적인 체스 선수 여덟 명과 초보자 여덟 명의 뇌를 fMRI를 이용하여 촬영해보면, 체스 선수는 초보자들보다 약 두 배 정도 더 많은 영역이 활성화되어 있다고 한다. 특히 초보자들은 한쪽 면, 즉 좌뇌만을 주로 사용하고 고수들은 우뇌까지 골고루 사용한다고 한다.

맨손으로 벽돌을 격파하는 무술 고수들의 뇌를 촬영해보면, 그들이 맨손으로 벽돌을 격파하는 비결은 체력이 아니라 뇌의 힘에 있다는 것을 알 수 있다. 고수들의 격파 비결은 어깨와 손목의 최고 속도를 결합시켜 가속도를 높이고 충격을 크게 만들 수 있는 능력에 있는데, 이는 근육의 힘에 달린 것이 아니라 뇌의 힘에 달려 있다.

투자의 달인, 경영의 달인, 방송의 달인, 부동산의 달인, 천재화가, 뛰어난 음악가, 작곡가, 천재 발명가, 천재적인 작가, 천재적인 스포츠맨 등 각 분야의 대가들은 모두 특정 분야에서 뇌의 힘을 극대화한 사람들이다.

이를 바탕으로 볼 때, 우리를 부자로 만들어주는 것은 결국 우리 뇌이다. 그러므로 뇌를 강화하고 잘 활용하는 데 주목해야 한다. 아주 쉽고 간단한 뇌 강화법 몇 가지를 소개하고자 한다.

신체 장기 중 잘 사용하지 않는 부분을 자주 사용하고 활용하라. 잠자고 있는 뇌의 영역을 자극하고 일깨우기 때문이다. 가령 눈동자를 좌우로 빠르게 움직여보라. 실제 이런 행동을 통해 기억력과 집중력이 향상된다는 연구 결과가 있다. 또다른 방법은, 오른손잡이는 왼손을 자주 사용하고 왼손잡이는 오른손을 자주 사용하는 것이다. 손은 뇌와 가장 많이 연결되어 있다. 그래서 손가락을 많이 사용하는 피아노를 배우면 실제로 머리가 좋아진다. 기억이 안 날 때에는 연필을 손가락으로 잡고 아무 글씨나 휘갈겨 쓰다보면 기억이 나는 것도 이 때문이다.

무엇보다 뇌를 강화하는 가장 좋은 방법은, 어린아이처럼 아주 신나는 일이나 놀이를 자주 하는 것이다. 소리지르게 될 정도로 신나는 일을 자주 할수록 우리 뇌는 젊어지고 생기가 돌아 활성화된다. 가능하다면 짜릿한 순간을 의도적으로 많이 만들어라. 그런 순간이 많을수록 당신은 더욱더 천재가 되어가는 것이다.

뇌를 강화하지 않아서 머리가 잘 돌아가지 않으면, 아무리 로또 1등에 당첨된다 할지라도 그 돈을 제대로 관리할 수 없다. 공부를 하고 책을 평생 읽어야 하는 것도 바로 이 때문이다. 독서를 통해 지식을 얻는 것도 중요하지만, 책을 읽으면 머리가 녹슬지 않고 점점 좋아질 수 있다.

부자로 만들어주는 다섯번째 지혜 -없어지지 않는 재산을 모아라

어느 일본 작가를 알게 되고서 아주 큰 충격을 받은 적이 있다. 그는 1년에 60권가량의 책을 출간하기도 했다. 사람들이 그를 만나면 자주 묻는 질문은 단연 이것이다.

"어떻게 그렇게 많은 책을 낼 수 있죠? 그렇게 많이 쓰면 소재가 떨어지지 않나요? 그렇게 많이 쓰면 할 이야기가 바닥나지 않나요? 그 많은 소재와 이야기를 어디서 다 찾으시는 거죠? 정말 놀랍네요!"

이러한 질문에 그 일본 작가는 이렇게 대답한다고 한다.

"책의 재료가 되는 소재는 한번 사용하면 없어지는 재산이지만 '소재를 찾아내는 지혜'는 아무리 사용해도 없어지지 않는 재산입니다."

재산에도 두 종류가 있다는 사실을 명심해야 한다. 첫째, 사용하면 없어지는 재산이 있다. 이런 재산으로 대표적인 것이 바로 돈이다. 돈은 사용하면 바로 없어진다. 물론 돌고 돌아서 돈이라고 한다지만, 한번 사용하면 그만큼 사라지는 것이 돈이다. 둘째, 사용해도 없어지지 않는 재산이 있다. 이런 재산은 사용하면 할수록 더 많아지고, 아무리 사용해도 없어지지 않기 때문에 이런 재산을 가지고 있는 사람이 진정한 부자다.

앞에서 소개한 일본 작가의 재산은 '소재를 찾아내는 지혜'이다. 그러한 재산 덕분에 그는 1년에 60권의 책을 출간할 수 있다. 이는 경제적인 측면에서도 엄청난 수입을 보장한다.

돈을 10억 받는 것보다 '소재를 무궁무진하게 찾아낼 수 있는 지혜'가 몇백 배 더 가치 있다. 돈으로 환산하는 것이 어리석을 정도로 후자의 지혜가 가치가 더 크다. 아무리 사용해도 없어지지 않는 재산이기 때문이다.

부자와 빈자를 가르는 것은 바로 이것이다. 빈자들은 열심히 공부하고 일하지만 그것은 모두 한번 사용하면 없어지는 재산을 모으기 위해서이다. 반면 부자들은 아무리 사용해도 없어지지 않는 재산을 모으기 위해 열심히 공부하고 일한다.

한번 사용하면 없어지는 재산만 가지고 있는 사람일수록 구두쇠이고, 돈 몇 푼에 인색하다. 그런 이들은 돈의 노예가 되는 경우가 많다. 하지만 아무리 사용해도 없어지지 않는 재산을 가지고 있는 사람은 구두쇠가 되지 않는다. 그들에게는 돈을 벌 수 있는 기회가 얼마든지 있고, 마음먹은 만큼 얼마든지 돈을 벌 수 있기 때문이다.

사용하면 없어지는 재산을 가진 사람은 그 재산을 잠시 소유한 것에 불과하다. 그 돈과 재산의 주인은 언제든 바뀔 수 있다.

투자가인 조지 소로스나 워런 버핏, 부동산 황제인 도널드 트럼프, 방송인 오프라 윈프리, 영국 버진 그룹의 리처드 브랜슨, 마이크로 소프트사의 빌 게이츠 등은 모두 부자이다. 하지만 그들이 부자인 진정한 이유는, 그들만이 가지고 있는 특별한 재주, 재능, 기술, 노하우, 축적된 경험이 재산이기 때문이다.

그들 모두를 주머니에 돈 한푼 없이 길거리에 내쫓는다 해도 그들은 몇 년 안에 다시 돈을 벌 수 있다. 그들에게는 보이지 않는 재산이 있기 때문이다. 진정한 부자는 이런 사람들이다. 그래서 부자는 돈을 위해 일하지 않고 자신의 기쁨과 즐거움, 성취감, 자아실현을 위해 일한다고 하는 것이다.

없어지지 않는 재산은 주위에서 찾아보면 적지 않다. 그러한 재산을 획득한 사람이 진정한 부자이다. 한번 사용하면 없어지는 것이 아니라 아무리 사용해도 사라지지 않는 재산을 모으는 사람이 되어야 한다.

"돈은 배설물과 같다. 쌓아두면 악취를 풍기지만 뿌리면 거름이 된다"는 말이 있다. 현명한 부자들은 돈을 쌓아두지 않고 뿌려서 거름이 되게 한다. 그래서 없어질 재산을 사용해 없어지지 않는 재산을 모으는 것이다.

돈을 쌓아두는 사람은 없어질 재산만 모으는 사람이다. 하지만 더 부유해지고 더 행복한 삶을 살아갈 능력과 품성을 키우고, 다양한 수입원을 통해 오래 유지되는 부를 창출하는 시스템을 만드는 사람은 없어지지 않는 재산을 쌓아가는 사람이다.

부자로 만들어주는 여섯번째 지혜 –소유에 집착하지 않는다

부자가 될 수 있는 사람인지 아닌지를 구별하는 방법 중 하나는, 그 사람이 얼마나 통이 큰지 아니면 얼마나 쩨쩨한지를 살펴보는 것이다. 쩨쩨한 사람치고 큰 부자가 되는 사람은 없다. 그런데 지금 당장은 수중에 돈이 없는 가난뱅이일지라도 통이 큰 사람은 언젠가는 부자가 될 사람이다.

그런 사람들은 대개 소유에 집착하거나 연연하지 않는다. 그래서 부자가 될 수 있다. 소유에 너무 집착하고 재물에 벌벌 떠는 사람은 결코 재물의 주인이 될 수 없을 뿐만 아니라 재물을 모으지도 못한다.

무엇인가를 소유한다는 것은 결국 조금 더 길게, 조금 더 편하게, 조금 더 마음껏 사용한다는 것을 의미할 뿐이다. 우리가 진정으로 영원히 소유할 수 있는 것은 세상에 단 하나도 없다는 사실을 생각해보아야 한다.

즉 이 세상 그 어떤 것도 당신이 진정으로 소유할 수 있는 것은 없다. 그래서 소유에 집착하고 그것을 자기 이름으로 된 통장에 집어넣고서야 안심이 되는 사람은 부자가 아니라 집착하는 사람일 뿐이다.

부자들은 돈을 소유하는 데 사용하지 않는다. 소유는 임대 기간이 조금 더 긴 것일 뿐이다. 자동차를 구입해서 타고 다니는 사람과 자동차를 장기 렌트해서 타고 다니는 사람이 있다. 그런데 재미있는 점은, 비싼 수입차를 구입해서 타고 다니는 사람들 중에는 진짜 부자가 적지만, 비싼 수입차를 장기 렌트해서 타고 다니는 사람들 중에는 진짜 알부자가 많다는 사실이다.

그리고 비싼 수입차를 구입해서 소유하는 것보다 장기 렌트해서 타고 다니는 것이 훨씬 경제적이고 저렴하다. 부자들은 좀더 나은 투자와 활용을 위해 쓸데없는 곳에 돈을 낭비하지 않는다.

소유에 집착하는 사람들 중 대표적인 유형이 '하우스푸어 house poor'라는 신조어를 탄생시켰다. 무엇인가를 하나 소유하면 그것이 바로 부자가 되는 길이라고 생각하는 사람들, 무엇인가 하나를 크게 소유하면 그것이 바로 돈 버는 길이라고 생각하는 사람들이 이 시대에 차고 넘친다. 그런 사람들이 하나같이 빠져드는 함정이 바로 하우스푸어이다.

수억이나 하는 집을 소유하고 있지만, 그들의 생활은 집을 소유하지 않은 사람들보다 더 쪼들린다. 그런 사람들이 바로 하우스푸어이다. 투자의 목적이든 아니든 하우스푸어의 가장 큰 원인은, 자기 능력 밖의 것을 소유했다는 데 있다. 똑같이 집을 소유한다 해도 자기 능력 안에서 소유하는 사람은 소유에 집착하는 사람이 아니다. 그래서 이런 사람들은 절대로 하우스푸어로 전락하지 않는다.

문제는 소유에 집착하여, 다른 사람들이 너나 할 것 없이 집을 소유하는 것을 보고 자신도 소유하고 싶어하는 것이다. 그들은 그런 유혹을 감당하지 못한다. 소유에 집착하지 않는 현명한 사람은 모두가 집을 사도 그런 분위기에 휘둘리지 않는다.

소유에 집착하는 사람은 자신에게 들어온 돈을 소유하기만 하려는 경향이 있다. 이런 사람은 순환하는 돈의 흐름을 막고 돌고 돌아야 할 돈이 수중에서 정체하게 만들어, 결국 더 많은 돈을 불러들이지 못한다.

소유에 집착하지 않고 사용할 줄 아는 사람은 돈이 돌게 만들고, 돈의 원활한 흐름을 유도한다. 그 결과 자신이 사용한 돈보다 더 많은 돈이 흘러들어오게 할 뿐만 아니라 타인에게도 돈이 들어가게 해주기 때문에 여러 사람을 풍요롭게 한다. 소비를 위축시키는 것이 아니라 각자 자신의 분수에 맞게 돈을 쓸 줄 안다면 사회가 풍요로워진다.

돈 있는 사람들이 소유에만 집착하면 그 사회는 더욱더 빡빡

한 사회가 될 수밖에 없다. 사람을 고용하고, 월급을 주고, 필요한 것을 구입하고 사용하는 것은 어느 정도 경제적 윤활유 역할을 한다. 그래서 부자는 소유보다는 사용을 더 선호해야 한다.

대부분의 물건은 한번 사면 그 물건이 고장나거나 닳아서 못 쓸 때까지 쓰기 때문에 당분간 재구매를 하지 않게 된다. 하지만 소유하는 것이 아니라 사용하는 물건은 지속적으로 사용해야 한다. 가령 여행을 가는 것은 올해 간다 해도 내년에 또 갈 수 있다. 마사지를 받는 것도 마찬가지로 누리고 경험하는 것이다. 외식을 하는 것도 소유보다는 사용, 경험의 의미가 강하다.

부자가 될 사람들은 이러한 사용과 경험의 소비를 자주 해야 한다. 그렇게 함으로써 그 업종에 종사한 사람들에게 돈이 흘러가게 하며, 그렇게 흘러간 돈이 돌고 돌아서 부자에게 다시 더 크게 되돌아온다.

돈을 소유하는 데 급급한 사람들은 결과적으로 돈은 물론이고 돈을 사용함으로써 얻게 되는 많은 정보와 기회, 심지어 인간관계까지 잃어버리게 된다. 부자가 되려면 정보를 많이 가지고 있어야 한다. 정보는 돈을 잘 사용할 때 얻을 수 있다. 그리고 그 정보를 통해 새로운 기회가 창출된다. 돈을 사용할 때 우리는 인맥을 쌓을 수 있다. 친구나 인맥은 정보의 근원이고, 새로운 기회의 시작점이다.

돈을 소유하는 데 집착해서는 안 되는 이유가 이것이다. 돈을 그저 소유하는 데에는 그 어떤 가치도 없을 뿐만 아니라 정보도, 기회도, 친구도, 인맥도 얻을 수 없다. 그런 점에서 돈을 잘 사용하고 활용함으로써 이러한 것들을 빠르게 획득하는 사람이 부자가 될 수 있다.

『노자』에 '다장 필후망多藏 必厚亡'이라는 말이 있다. 이는 '많이 가지려 하면 반드시 많은 것을 잃게 된다'는 뜻이다. 많이 가지려 한다는 것은 결국 돈에 욕심이 생기고 보이지 않는 집착이 생기는 것을 의미한다. 그러면 돈에 눈이 멀게 된다. 눈이 멀면 자기 자신이 보이지 않게 되고, 수많은 기회와 인생과 세상이 제대로 보이지 않는다.

큰 성공을 거두는 사람들은 모두 남들이 보지 못하는 기회와 세상의 본질을 통찰하고 꿰뚫어보는 사람들이다. 돈에 눈이 먼 사람은 부자가 되거나 성공할 확률이 매우 희박하다.

많이 가지려 할수록 많이 잃게 되는 이유가 바로 이것이다. 소유에 집착하는 순간 시야가 좁아지고 판단력이 흐려진다. 올바른 판단력이 기업 경영이나 투자에서 얼마나 중요한지는 누구나 잘 알 것이다.

현금을 그저 소유하려고만 하는 사람은 결국 시간이 갈수록 현금의 가치가 떨어져 돈이 줄어들 뿐이다. 하지만 부자들은 절대로 현금을 그저 소유하고만 있지 않는다. 소유보다는 투자와 활용에 집중한다. 그래서 부자들은 현금을 비롯해 자산 대부분을 투자하고 활용할 줄 안다. 사용하지 않는 창고나 자투리땅조차도 절대로 그냥 갖고 있지 않고 임대하거나 최대한 활용한다. 그 결과 더 많은 돈을 벌게 된다.

부자들에게 돈을 좀 빌려달라고 해보라. 대부분 수중에 거금이 없다고 한다. 그런데 그들의 말은 거짓말이 아니다. 진짜 부자들은 수중에 여윳돈이 생기면 그 즉시 활용하는 데 천재적인 재능이 있다. 그렇기 때문에 오랫동안 부자로 살아갈 수 있는 것이다.

모든 것은 지식으로 통한다.

_피터 드러커

돈의 노예에서 벗어나 돈의 주인이 되는 데는 20퍼센트의 지식과 80퍼센드의 행동이 필요하다.

_데이브 램지, 『부자가 되는 비결』 중에서

금융 IQ를 높이고, 더욱 현명하게 돈을 관리하라.

_로버트 기요사키, 『부자 아빠 가난한 아빠』 중에서

부자가 되기 위해 필요한 건 금, 주식, 부동산, 근면, 돈 그 자체가 아니라 금, 주식, 근면, 돈에 대한 '정보와 지식'이다.

_로버트 기요사키, 『부자 아빠 가난한 아빠』 중에서

5부

부자로 만드는
'부의 지식'의 비밀

부자로 만들어주는 것은 살아 있는 지식이다 -인문학적 지식

"분산투자는 무지에 대한 방어책이다. 자신이 하는 일을 잘 알고 있다면 분산투자란 말도 안 되는 소리다."

세계 최고의 투자가 워런 버핏의 말이다. 그의 말이 백번 옳다. 자신이 하는 일을 잘 알고 있어야만 어떤 것이 말이 되는 소리이고 아닌지를 알 수 있다. 자신이 하는 일을 잘 알지 못하면 무엇이 옳고 그른지, 무엇이 제대로 된 방식인지 알지 못하기 때문에 타인의 말과 행동에 휩쓸리게 되고, 그들을 따라가게 된다. 그런데 그런 방식은 함께 망하는 길일 수밖에 없다.

이와 비슷한 일이 돈에 대해서도 동일하게 발생한다. 돈에 대해 잘 모르면 말도 안 되는 선택을 하고 말도 안 되는 손해를 보게 된다. 그것도 그렇게 손해를 보는지도 모르는 채 말이다.

돈이란 무엇인가? 세계 금융사 이야기를 집필한, 하버드대학교 역사학 교수이자 비즈니스 스쿨 교수인 니얼 퍼거슨Niall Ferguson은 『금융의 지배』(민음사, 2010)에서 다음과 같이 말했다.

"통화, 화폐, 금전, 주화, 재화, 재물, 자금, 명칭이 무엇이든 중요한 건 모두 돈이란 사실이다. 기독교인에게 돈에 대한 사랑은 모든 악의 근원이다. 장군에게 돈은 전쟁의 동력이었다. 혁명가에게는 노동의 족쇄이다. 그렇다면 돈이란 정확히 무엇일까? 스페인 정복자들의 생각처럼 은 광산인가? 아니면 점토판이나 인쇄한 종이에 지나지 않는가? 우리는 어떻게 해서 돈이 자취를 감추고 숫자나 컴퓨터 스크린에 불과한 세상에 살게 되었을까? 돈은 어디서 왔을까? 그리고 이 모든 돈은 어디로 흘러가는 걸까?"

그의 말처럼 돈이란 무엇인가? 돈은 어디서 왔고, 어디로 흘러가는 것일까? 과연 이것을 정확히 아는 사람이 있을까? 장담하건대 아무도 없을 것이다. 세상이 너무나도 급변하고 있기 때문이다. 노벨상을 수상한 세계적인 경제학자들 수십 명이 모여 아무리 경제를 전망하고 예측한다 해도 그들의 예측은 틀릴 수밖에 없다. 이 세상에는 너무나 많은 변수와 요소가 존재하기 때문에 경우의 수는 우리 인간이 예측할 수 있는 가짓수를 넘어 거의 무한대로 뻗어가기 때문이다. 결국 지식의 최고 정수는 책에 적혀 있는 것이 아니라 스스로 만들어낸 지식이다. 그런 지식이 살아 있는 지식이며, 당신을 부자로 만들어주는 지식이다.

그런 지식을 갖춘 사람이 되기 위해서는 다양하고 폭넓은 사고가 필요하다. 그래서 공부를 해야 하고, 책을 끊임없이 읽어야 하고, 많은 경험을 해야 하는 것이다.

프랜시스 베이컨은 "아는 것이 힘이다"라고 말했다. 이 말이 알려진 것은 그의 대표작으로 손꼽히는 『신논리학』이 출간된 1620년이었다. 이 말의 속뜻을 이 책과 연관지어 살펴보면, 과학적 지식을 통해서만 자연을 인류에게 유익하게 변화시킬 수 있고, 그로 인해 자연을 인간을 위해 이용할 수 있으며, 그러한 지식은 과학 실험을 통해서만 얻을 수 있고, 그렇게 얻은 지식이 인간에게 큰 유익이 된다는 말이다.

그 시절에는 과학 지식이 가장 중요한 지식이었다. 하지만 지금 이 시대에는 금융 지식이 개인에게 가장 중요한 지식이다. 경제적인 측면에서 우리에게 가장 큰 위험은 금융 붕괴나 IMF나 불황이 아니다. 금융과 세상에 대한 지식이 부족한 것이다.

우리를 부자로 만들어주는 것은 성실과 근면이 아니라 지식이다. 그래서 지식이 있는 사람과 지식을 익히는 법을 아는 사람은 갈수록 부자가 된다. 부자들은 그런 지식을 갖추고 있고, 그것을 어떻게 익히는지 알고 있다. 부자들은 더욱 부자가 된다는 뜻이다. 지식이 많으면 작은 것을 이용해서도 부자가 될 수 있다. 하물며 자본과 자원이 넉넉한 그들이 더 부자가 되지 않는다면 오히려 이상한 일일 것이다.

지식이 없는 사람들은 아무리 열심히 일해도 부자가 될 수 없다. 그래서 많은 사람들이 열심히 일하는데도 부자가 되지 못하는 것이다.

당신을 부자로 만들어주는 것은 재테크도 아니다. 남들이 재테크를 통해 부자가 되었다고 해서 그런 뜬소문에 현혹되어 재테크에 모조리 걸었다가 그나마 가지고 있던 돈을 다 날리고 알거지가 된 사람들이 적지 않다.

워런 버핏이 부자가 된 것은 재테크를 잘해서가 아니라 어렸을 때부터 엄청나게 많은 책을 읽은 덕분이다. 재테크는 하나의 외형일 뿐이다. 누가 하느냐에 따라 똑같은 것을 해도 결과는 백팔십도 달라질 수 있다. 내면에 숨겨진 알맹이는 풍부한 독서를 통한 경제와 경영, 세상에 대한 지식이라는 점을 알아야 한다.

워런 버핏에게 있어 주식 투자는 우리가 말하는 재테크와는 성격이 다르다. 그에게 주식 투자는 재테크가 아니라 생계를 책임져주는 본업의 성격이 훨씬 강하다. 실제로 그에게 주식 투자는 본업이다.

워런 버핏이 주식 투자를 해서 부자가 될 수 있었던 것은 이 두 가지가 우리와 다르기 때문이다. 당신은 워런 버핏이 가지고 있는 엄청난 지식이 있는가? 그리고 당신의 본업이 주식 투자인가? 이 두 가지 조건이 충족된다면 당신은 워런 버핏처럼 주식 투자를 통해 세계적인 부자가 될 수 있다. 하지만 이 두 가지 중한 가지라도 결여되어 있다면 당신은 그를 흉내낸다 해도 결코 그처럼 되지 못한다.

조지 소로스도 마찬가지이다. 그가 부자가 된 것은 재테크나 투자를 잘했기 때문이 아니라, 막노동을 하면서도 공부하고 직장을 다니면서도 쫓겨날 정도로 공부에 매진했기 때문이다. 결국 그들을 부자로 만들어준 것은 '지식'이었다.

성공한 사람들은 모두 유식하다. 여기서 유식하다는 것은 학교 공부를 통해 학식을 쌓았다기보다는, 세상에 대한 광범위한 공부를 바탕으로 한 지식을 더 많이 쌓았다는 뜻이다.

학교 공부는 평가를 내리기 위해 시험을 보는 등 어떤 식으로든 제한이 있지만, 독서를 통해 얻을 수 있는 세상에 대한 지식은 제한이 없다. 우리를 부자로 만들어주는 지식은 다양한 분야의 책을 통해 얻을 수 있는 살아 있는 지식이다.

노벨화학상을 수상한 물리화학자이자 철학자이기도 한, 독일의 프리드리히 오스트발트는 아주 재미있는 연구를 했다. 위대한 성공을 거둔 사람들과 위인들의 공통점이 무엇인지 연구한 것이다. 그런데 그 연구 결과 그가 발견한 위인들의 공통점은 한 가지가 아니라 두 가지였다. 첫번째는 남들과 다르게 매우 긍정적으로 생각한다는 것이었고, 두번째는 평생 지독하게 공부하고 독서를 한다는 것이었다.

그러므로 우리는 살아 있는 도서관이 되고자 하는 자세로 책을 읽어야 한다. 그렇게 했을 때 돈이 들어올 뿐만 아니라 참된 부자로 살아갈 수 있다.

유태인들에 대해 다시 이야기하지 않을 수 없다. 그들만큼 제대로 된 부자로 살아가는 민족이 드물기 때문이다. 그들을 잘 연구하면 부자에 대해 알 수 있을 뿐만 아니라 부자가 되는 방법까지 알 수 있다.

유태인들이 중요시하는 것은 지식이다. 그 지식은 책에 적혀 있는 지식이 아니라 자신의 머리로 생각해낸 새로운 지식이다. 물론 기존의 지식들이 토대가 되지 않으면 새로운 지식의 질이 떨어진다. 그래서 그들은 기존의 지식을 토대로 새로운 지식을 추구한다. 그들은 남들이 가지고 있지 않고 그 어떤 책에도 적혀 있지 않은 자기만의 지식을 바탕으로 부자가 될 수 있는 것이다.

유태인들이 얼마나 지식을 중요시하는지 보여주는 유태인 속담과 격언을 살펴보자.

"배운 내용을 복습하는 것은 외우기 위함이 아니다. 몇 번씩 복습하는 사이에 새로운 것(지식)을 발견할 수 있기 때문이다."

"백 번을 복습하는 것과 백한 번 복습하는 것에는 큰 차이가 있다."

"만약 눈앞에서 갑자기 천사가 나타나 『토라』의 모든 가르침을 순식간에 체득시켜주겠다고 해도 이를 거절하라. 인간에게 배우는 과정은 결과보다도 중요하기 때문이다. 인간은 노력을 통해서만 보상을 받을 수 있다."

우리나라 학생들은 열심히 복습을 한다. 하지만 그들은 암기하기 위해 복습하고, 더 잘 이해하기 위해 복습한다. 하지만 유태인들은 새로운 것을 발견하기 위해 복습한다. 이 차이가 인구 대비 가장 많은 노벨상을 수상한 민족과 박사 대비 가장 적은 노벨상을 수상한 민족의 차이다.

한국인들은 남들보다 뛰어나야 하고 뭐든지 1등을 해야 한다고 가르친다. 하지만 유대인들은 "남들과 달라야 한다"고 가르친다. 그리고 그들은 남들과 다른 사람이 되기 위해 공부를 한다. 한국인들은 남들보다 더 앞서기 위해 공부를 한다.

참된 부자로 만들어주는 것은 죽은 지식이 아니라 살아 있는 지식이다. 살아 있는 지식은 우리를 창조적인 사람으로 거듭나게 해주고, 돈을 창출할 수 있는 새로운 기회와 새로운 시스템을 만들 수 있게 해준다.

『나폴레온 힐의 365 부자 일기』(더스타일, 2012)에서 나폴레온 힐은 다음과 같이 말한다.

"성공한 사람은 자신의 중요한 목적이나 사업 혹은 전문성과 연관된 특별한 지식을 습득하는 일을 결코 중단하지 않는다. 성공하지 못하는 사람은 대개 정규 교육이 끝남과 동시에 지식의 습득도 멈추어버린다고 믿는 실수를 범한다. 학교 교육은 자신에게 필요한 특별한 교육을 받을 수 있는 방법을 가르쳐줄 뿐인데도 말이다."

부자가 되는 길은 끊임없이 지식을 추구하는 길과 다를 바 없다. 넓은 의미에서 이 세상에는 두 가지 유형의 사람이 존재한다. 하나는 끊임없이 지식을 추구하여 배우는 사람이고, 다른 하나는 배우기를 그만두고 그저 살아가는 사람이다. 물론 우리 모두는 인생의 어느 순간에는 배우는 삶을 산다. 하지만 인생의 실전기라고 할 수 있는 중반부터, 배우는 삶을 사는 사람과 배움을 멈춘 삶을 사는 사람으로 정확하게 나뉜다.

"만일 부자학이 있다면 그건 아마도 인간학일 것이다. 부자란 본질적으로 사람의 문제이기 때문이다. 부자의 사전적 의미인 재물이 많아 살림이 넉넉한 사람을 굳이 언급하지 않더라도, 소유자인 사람을 떠난 부는 의미가 없다. 속 의미는 다르지만 옛 어른들의 표현을 빌리자면, 사람 나고 돈 났지, 돈 나고 사람 난 것은 아니다."

부자 전문가 이상건의 『부자들의 생각을 읽는다』(비아북, 2008)에 나오는 말이다. 이 부분을 읽고 나는 무릎을 쳤다. 우리를 부자로 만들어주는 것은 물론 금융 지식이다. 하지만 그것이 부자가 되는 지식의 전부는 아니라는 생각을 비로소 할 수 있게 되었기 때문이다.

금융 지식은 돈을 벌 수 있게 해주는 지식이다. 이와 함께 인문학 역시 큰돈을 벌 수 있게 해주는 지식이다. 인문학이 무엇인가? 인문학이야말로 인간에 대한, 인간에 관한, 인간을 위한 학문이 아닌가.

로마의 정치사상가 키케로의 표현에 따르자면, 인문학은 "인간에 관한 연구studia humanitas"이다. 인문학의 본질은 인간에 대한 연구를 통해 인간과 인간이 사는 사회를 보다 풍요롭고 다채롭게 하는 것이다.

현대 문명을 이룩한 두 축을 꼽으라고 하면 과학과 함께 인문학을 들 수 있다. 인문학이 없었다면 인류 문명은 지금처럼 급속도로 발전하지 못했을 것이다. 모든 상상력은 인문학을 통해 향상되기 때문이다.

세상을 바꾸고 이끈 위대한 혁신가들과 부자들을 보면, 그들은 철학과 문학, 역사와 같은 인문학에 심취해 있었다. 부자가 되기 위해서는 금융 지식과 함께 인문학적 소양과 지식이 있어야 한다.

앙드레 코스톨라니는 전설적인 투자가이다. 그는 막대한 돈을 벌었고 문화, 예술적으로 풍족한 삶을 살았다. 그가 부자가 될 수 있었던 요인은 여러 가지가 있었을 것이다. 그중에서도 한 가지를 꼽자면, 그는 학창 시절부터 철학을 꾸준히 공부했고, 평생 동안 철학 관련 도서를 집필했으며 공부를 멈추지 않았다. 그가 부자가 되도록 뒷받침한 많은 요인들 중 하나가 철학과 예술, 문화를 토대로 한 인문학적 지식이었으리라는 점은 조금도 의심할 여지가 없다.

인문학은 지금은 문학, 역사, 철학을 가리키지만(혹은 그렇게 간편하게 부르고 있지만) 원래는 문화와 예술, 철학, 문학, 역사 등을 모두 아울렀다. 많은 부자들이 오페라를 자주 감상하고, 클래식을 좋아하고, 그림을 감상하기 위해 미술관에 자주 가고, 역사를 알기 위해 박물관에 가고, 심지어 그러한 예술 작품들을 소장하기 위해 돈을 아끼지 않는다. 부자들이 여유가 있고 돈이 많아서 그렇게 하는 것이 아니다. 그들은 여유가 없고 돈이 없을 때에도 오페라를 감상하고 싶어하고, 클래식을 자주 듣고, 미술관이나 박물관 같은 곳에 가면 지적 호기심으로 가슴이 벅차는 유형이다. 문화와 예술을 사랑하고 좋아하고 가까이하려는 특성은 그들의 인문학적 지식과 감성을 자극하고 향상시켜주며, 그렇게 충만해진 인문학적 지식과 감성은 그들이 사업을 하든 다른 활동을 하든 그 분야에서 최고가 되도록 이끈다.

오프라 윈프리도 독서를 많이 했기 때문에 방송인으로서 대성했다고 할 수 있다. 토머스 에디슨도 책을 많이 읽은 덕분에 위대한 발명가가 될 수 있었다. 그는 학교를 중퇴한 후 매일 도서관에 가서 거의 도서관을 통째로 읽다시피 했다. 그렇게 독서를 한 덕분에 인문학적 지식과 소양을 갖출 수 있었고, 그것을 기반으로 세계적인 발명가로서 기반을 다진 것이다.

그는 상상도 못할 정도로 다양한 발명품을 만들어냈으며, 미래를 내다보는 통찰력과 혜안도 남달랐다. 심지어 마케팅에도 천재적인 능력을 보였고, 기획하고 전략을 짜는 일에도 남보다 월등히 뛰어났다. 다양한 분야의 엄청난 책을 읽었기에 그토록 다재다능한 능력을 갖추게 된 것이다.

그의 발명품들은 아무 연관이 없어 보이는 다양한 분야의 지식과 통찰력을 놀랍게 통합하여 만들어낸 것들이다. 에디슨은 그런 점에 대해 다음과 같이 말했다.

"내 아이디어가 아니라 모두 셰익스피어의 아이디어입니다. 그가 마음만 먹었다면 얼마든지 발명가가 될 수 있었을 거요. 그는 모든 것의 내면이 훤히 보이는 모양입니다. 셰익스피어라면 멋진 것들을 얼마나 많이 생각해냈겠습니까? 게다가 사물을 표현하는 방식까지 얼마나 독창적입니까? 그가 아니고서야 누가 그런 생각을 해낼 수 있겠습니까?"

그는 수많은 책을 읽으며 셰익스피어를 비롯해 위대한 인물들의 사고와 의식 수준을 빌려왔다. 그리고 그것을 자신의 의식과 사고 수준을 향상시키는 데 오롯이 사용했다. 위인들이 항상 앞서간 이들의 진보한 사상과 업적을 토대로 더 나은 업적을 성취하듯, 에디슨도 자신이 읽은 수천 권의 책을 통해 거인들이 이미 이루어놓은 바로 그 지점에서 시작할 수 있었다.

세계에서 최고의 연봉을 받은 사람으로 조지 소로스를 꼽을 수 있다. 앞에서 언급했듯이 그는 철학에 심취했다. 세상이 돌아가고 경제가 돌아가고 돈이 흘러가는 원리에 대해 그가 누구보다 잘 알 수 있었던 것은, 그래서 투자를 통해 엄청난 돈을 벌 수 있었던 것은 금융 지식뿐만 아니라 인문학적 지식을 풍부하게 갖추었기 때문이다.

스마트폰의 혁신을 일으킨 스티브 잡스도 마찬가지다. 그가 세상을 놀라게 할 만큼 창조적이고 혁신적인 제품들을 만들어 낼 수 있었던 것은 그저 기술이 뛰어나서가 아니었다. 그는 인문학적 지식과 소양이 있었다.

"애플의 DNA는 기술만으로 충분하지 않다. 인문학과 기술을 결합하고 소프트웨어와 하드웨어가 결합되어야만 최종적으로 가슴을 울리는 결과물을 만들 수 있다."

그는 삭막하기 그지없는 비즈니스 세계에서, 그것도 기계들과 첨단 과학과 기술 속에서 낭만이라는 요소를 접목시켰다. "우리는 이 산업에 낭만과 혁신을 불어넣었다"고 말하는 그를 보며, 최고의 경쟁력은 기술이 아니라 낭만이었음을 알 수 있다. 그의 가장 큰 장점은 인문학적 소양, 통찰력, 감수성을 갖추었다는 것이다.

"소크라테스와 점심을 함께할 수 있다면, 나는 애플의 모든 기술을 그의 철학과 바꾸고자 권유할 것이다."

그는 고대의 철학자를 만나 식사를 함께할 수만 있다면 애플의 모든 기술을 내놓을 수 있다고 말할 정도로 지독한 인문학 신봉자였다. 또 자신의 입으로도 인문학을 끊임없이 예찬했다. 인문학을 통해 애플이 성공할 수 있었다고 말하기도 했다.

이렇듯 인문학적 지식은 우리를 부자로 만들어줄 살아 있는 지식이다. 현대 경영학의 창시자인 피터 드러커 역시 지식을 강조한 바 있다. 그는 "경영은 이제 일반교양liberal art이다"라고 말했다. 또한 그는 경영에 대하여 『피터 드러커 미래 경영』(청림출판, 2013)에서 다음과 같이 말하기도 했다.

"경영은 인간에 관한 것이다. 경영의 과업은 서로 다른 기술과 지식을 가진 사람들로 하여금 공동의 성과를 올릴 수 있도록 하는 것이다. 각자의 강점을 활용하여 공동의 목표를 달성할 수 있도록 하고, 또한 각자의 약점이 목표를 달성하는 데 장애가 되지 않도록 만들어주는 것이다. 이것이 바로 조직이 해야 할 모든 것이다. 이것은 또한 경영이 그토록 중요하고 결정적인 요소가 된 이유이기도 하다. 오늘날 우리 대부분은 크든 작든 영리든 비영리든 여러 경영 기관에 고용되어 있다."

그가 현대 경영학의 창시자로 평가받을 수 있었던 이유는 남다른 통찰력 때문이라고 생각한다. 그는 "나는 기계가 아닌 사람에 주목한다" "모든 것은 지식으로 통한다"라는 명언을 남겼다. 이 두 명언을 연결하면, 인간과 지식이 중요하다는 것이고 이는 결국 '인문학적 지식'을 가리킨다.

피터 드러커에게 있어 지식은 '중심적 자본, 중심적 비용, 경제의 결정적 자원'이었던 것이다. 그의 말에 따르면, 우리가 주목해야 할 것은 기계나 기술이 아니라 '사람'이다.

돈을 벌게 해주는 것은 부에 대한 지식이다 –금융 지식

“지구상의 모든 돈과 재물이 어느 날 오후 3시에 전 세계 사람들에게 골고루 나누어진다고 가정해도, 30분 후면 각각의 사람들이 소유한 재산에는 상당한 차이가 있을 것이다.”

석유 재벌 진 폴 게티의 이 말이 의미하는 바는 무엇일까? 백만장자가 되고 백만장자로 살아가기 위해서는, 돈과 재물을 잘 관리할 수 있는 부에 대한 지식과 부에 대한 마인드가 필요하다는 것을 단적으로 보여주는 말일 것이다.

모든 사람에게 돈과 재물을 골고루 나누어준다 해도 30분만 지나면 어떤 사람은 몇 배 더 많은 돈을 갖게 되고, 또다른 사람은 그 반 이상을 날리고 만다. 심지어 어떤 사람은 빈털터리 알거지가 되기도 한다. 세상이 이렇다는 사실을 알아야 한다. 그리고 그러한 차이를 만드는 것은 얼마나 열심히 일하느냐의 차이가 아니라 돈에 대한 지식을 얼마나 많이 가지고 있느냐이다.

왜 수많은 근로자들이 열심히 일해서 점점 더 많은 급여를 받게 되지만 실제로는 수입이 줄어들면서 가난하게 살아갈까? 왜 수많은 사람들이 한푼두푼 아껴서 저축을 하고 여러 가지 일을 동시에 하고, 대출을 받아 투자까지 하지만 여전히 가난하게 살고 있을까?

그 이유는 그들이 부자가 되지 못한 이유와 정확히 일치한다. 그들에게 '금융 지능'이 없기 때문이다. 『부자 아빠 가난한 아빠』의 저자 로버트 기요사키는 다음과 같이 말했다.

"설상가상으로 시장의 붕괴로 인해 학력이 높고 성실하게 일하는 수백만 근로자가 투자는 위험하며 높은 수익을 올리려면 높은 위험을 감수해야 한다고 생각하게 되었다. 레버리지의 핵심은 통제이며 통제를 하기 위해서 꼭 필요한 것은 바로 금융 지능이라는 사실을 알고 있는 사람은 극히 일부에 불과하다.

금융 지능이 높아지면 지금 당장 수중에 돈이 없더라도 많은 돈을 벌 수 있다. 신자본주의 시대는 무일푼의 상태에서 돈을 버는 것이 가능한 시대다. 요즘 같은 정보화 시대에는 지식이야말로 최고의 레버리지라고 볼 수 있다. 자신의 돈을 투자하지 않고 더 많은 돈을 벌수록 투자수익률과 내부수익률이 높아지며 금융 IQ도 높아진다.

금융 IQ란 금융 지능을 나타내는 지수이다. 따라서 무한대의 수익률을 올릴 수 있다는 건 금융 IQ가 무한대라는 뜻으로 풀이할 수 있다."(로버트 기요사키, 『부자의 조건, 금융 IQ—부자 아빠 가난한 아빠』)

금융 지식이 없다는 것은 자동차를 어떻게 운전하는지 배우지 않고도 운전을 할 수 있다고 말하는 것처럼 어처구니없는 상황이다. 금융 지식이 없어서 사업이 망하고 가난해지는 사람들이 너무도 많다.

금융 지식의 요체인 금융은 경제학, 재무론, 회계학, 화폐금융론, 국제금융론, 투자론, 금융기관경영론, 외환론, 수학 등 다양한 학문과 지식 체계가 유기적으로 융합되어 그 본령을 형성하고 있다. 그래서 사실상 전공하지 않은 사람은 배우기가 쉽지 않다. 하지만 일반인들도 충분히 금융에 입문할 수 있고, 금융 지식을 상당한 수준까지 쌓을 수 있다.

문제는 단기적으로 한두 달 만에 금융 지식을 얻으려 하는 조급한 마음이다. 평생 꾸준히 금융 지식을 쌓아간다고 생각하고, 평소에 금융 관련 책을 조금씩 읽으며 공부하는 것이 중요하다.

진짜 부자들은 돈이 지속적으로 쌓이듯 평생 금융 지식을 쌓는다. 다르게 생각하면, 금융 지식이 하나씩 쌓여갈 때 부도 쌓여간다고 볼 수 있다.

로버트 기요사키는 금융 지능에 대해 "돈을 얼마나 버는가보다는 얼마를 보관하고, 돈이 우리를 위해 얼마나 열심히 일하고, 얼마나 많은 세대 동안 그것을 보관할 수 있느냐에 대한 것"이라고 말한다. 부자가 되고 부자로 평생 살아가기 위해서는, 무엇보다도 금융 지식이 반드시 있어야 한다는 것이다.

특히 전 세계가 하나로 연결되어 있는 정보화 시대에 가장 중요한 자산은 단연 금융에 대한 정보와 지식이다. 과거에는 땅만 있으면 부자였고, 평생 돈 걱정 없이 살 수 있었다. 산업화 시대에는 학벌만 좋으면 평생이 보장되는 좋은 직장을 구할 수 있고 돈 걱정 없이 살 수 있었다. 하지만 지금 이 시대는 학벌도 땅도, 그 어떤 것도 평생의 부를 보장해주지 않는다. 남들이 갖지 못한 새로운 지식과 기술, 정보로 누구든 억만장자가 될 수 있는 시대이다.

그런 억만장자들과, 열심히 일하지만 억만장자들이 벌어들이는 돈의 100만 분의 일도 벌지 못하는 사람들의 차이는 단 한 가지이다. 억만장자들에게는 있고 일반인들에게는 없는 것이 있다. 그것이 바로 금융에 대한 지식, 부를 창출해낼 수 있는 지식이다. 이전에는 없던 새로운 부를 창출해낼 수 있는 시스템에 대한 지식인 것이다.

결국 모든 것은 지식의 유무에 의해 결판난다고 할 수 있다. 아인슈타인은 "지식보다 상상력이 더 중요하다"고 말했다. 물론 상상력은 중요하다. 하지만 상상력을 현실로 구체화하고 시스템과 상품으로 구현할 때 가장 필요한 것은, 그 상상력을 실현할 수 있는 기술적 지식이다.

그런 점에서 지식과 상상력은 둘 다 중요하다. 그리고 일반인들이 가진 돈을 지키는 동시에 돈을 더 많이 벌기 위해서는, 두 가지 모두 중요하지만 그중에서도 금융 지식이 반드시 필요하다.

상상력은 갑부가 되게 해줄 수 있다. 상상력이 있으면 부를 창출하는 시스템을 만들 수 있다. 반면에 금융 지식은 그 창출한 돈이 수중에 오래 머물 수 있게 해준다. 그런 의미에서 실제로 재산을 살 관리하고 보관하고 활용하기 위헤 가장 필요한 것은 금융 지식이다.

자동차를 타고 부산에서 서울까지 가기 위해서는 세 가지가 필요하다. 운전할 사람과 자동차와 연료이다. 연료가 상상력이고, 금융 지식은 운전할 수 있는 지식과 기술이다. 자동차는 이 세상에 널려 있는 부라고 할 수 있다. 우리는 자동차라는 부를 잘 운전해서 우리가 원하는 장소에 안전하게 도착해야 한다.

부자들은 자신이 원하는 장소에 안전하게 갈 수 있다. 반면 일반인들은 운전할 수 있는 기술적 지식이 부족하기 때문에 돈이 있다 해도 목적지에 안전하게 도착하지 못한다. 참된 부자는 돈을 자신이 원하는 대로 사용할 수 있는 사람이다.

오너드라이버가 되기 위해서는 자동차와 도로교통법에 대한 지식이 있어야 하고, 운전 연습을 충분히 해야 한다. 그러다보면 지식 중 일부는 기술이 된다. 이처럼 부자가 되는 것은, 부자가 될 수 있는 지식과 법칙을 토대로 점점 더 부자가 되어가는 과정이다. 부자가 되는 것은 일종의 과학이다. 과학의 토대는 지식이어야 한다.

그렇기 때문에 금융 지식이 얄팍한 부자는 참된 부자라고 할 수 없다. 돈은 사람을 자유롭게 해준다. 그러한 자유를 제대로 누리기 위해서는 금융 지식을 겸비해야 한다.

금융 지식의 가장 기본은 부가가치에 대한 이해이다. 부가가치란 새롭게 추가로 만들어질 수 있는 가치, 즉 기회비용의 크기이다. 유목 사회에서는 말이나 양이 부가가치가 가장 높았다. 그래서 그 당시의 부자는 당연히 말이나 양을 많이 가진 자였다. 그러다 시대의 흐름을 따라 부가가치가 변화하면서 가장 많은 부를 축적할 수 있는 사람의 조건도 달라졌다. 농경 사회에서는 땅이 가장 큰 부가가치가 있었으므로 땅을 많이 가진 사람이 양이나 말을 많이 가진 사람보다 더 부자가 되었다. 산업 사회에 들어서자 부가가치가 가장 높은 물건은 생산 시설, 공장 등이었다. 그래서 산업 사회에서는 공장이나 생산 시설을 많이 가지고 있는 사람이 가장 큰 부를 창출해낼 수 있었다.

정보 사회가 되자 기술과 지식, 정보를 많이 가지고 있는 회사나 개인이 가장 큰 부를 창출할 수 있게 되었다. 그러한 것들이 부가가치가 가장 높았기 때문이다. 그리고 지금은 네트워크 사회이기 때문에 부가가치가 가장 높은 것은 네트워크를 이용한 산업이다. 이제는 어떤 사업을 하든 네트워크를 이용할 줄 모르는 사람과 네트워크를 잘 이용할 줄 아는 사람은 큰 차이가 벌어진다. 네트워크를 잘 활용할 줄 아는 회사는 승승장구할 수밖에 없다. 구글, 페이스북, 트위터와 같은 것들은 과거에는 존재하지 않았던 새로운 부가가치를 창출해내고 있다.

부가가치에 대해 이해하면 금융 지식의 토대가 되는 자산과 부채를 명확하게 이해할 수 있다. 자산에 대해 정확히 이해하지 못하고 있고 금융 지식이 부족하다면 이는 인생에 큰 영향을 미친다.

『부자 아빠 가난한 아빠』에 매우 놀라운 이야기가 실려 있다. 부자 아빠와 가난한 아빠가 각각 '자산'이라는 용어에 대해 다르게 정의한다는 사실이다. 자산에 대해 정확히 이해하고 정확한 금융 지식을 가지고 있는 사람은 부자 아빠다. 부자 아빠가 부자가 될 수 있었던 것도, 그 부를 유지할 수 있었던 것도 바로 금융 지식 덕분이었다.

가난한 아빠는 놀랍게도 자산에 대해 잘못 알고 있는 상태로 평생을 살아간다. 그리고 잘못된 금융 지식 때문에 일생 동안 가난에서 벗어나지 못한다. 아무리 열심히 일해도 금융 지식이 잘못되었거나 아예 없다면 부를 축적할 수 없다.

"부자 아버지는 돈에 대해서, 그리고 함께 일하는 사람들에 대해서 많은 것을 알았다. 그분은 그래야만 했다. 그분은 돈을 만들어야 했고, 가능한 한 적은 사람들을 관리해야 했고, 비용을 낮춰야만 했고, 수익은 높여야만 했다. 사분면의 오른쪽 편에서 성공하려면 이런 기술들이 필요하다.

부자 아버지는 나에게 이런 점을 강조했다. 그분은 집은 자산이 아니라 부채라고 얘기했다. 부자 아버지는 그것을 입증할 수 있었다. 그분은 우리에게 금융 지식을 가르쳐 우리가 숫자들을 읽을 수 있도록 했기 때문이다. 부자 아버지는 자유 시간을 갖고 자신의 아들과 나를 가르쳤다. 그분은 사람들을 잘 다뤘다. 그분은 일에서 얻은 기술을 가정생활에도 적용시켰다.

교육을 많이 받은 내 아버지는 돈이나 일하는 사람들을 잘 관리하지 못했다. 그러면서도 그분은 그렇게 한다고 생각했다. 하와이주의 교육감이었던 그분은 공무원으로 수백만 달러의 예산과 수천 명의 직원들이 있었다. 하지만 그분은 돈을 만들지 못했다."(로버트 기요사키, 『부자 아빠 가난한 아빠 2—부자들이 들려주는 돈 관리 7가지 방법』)

그는 자산과 부채의 개념을 명확하게 설명한다. 자산은 무조건 내 주머니에 돈을 넣어주는 것이다. 그리고 부채는 내 주머니에서 돈을 빼어가는 것이다. 그렇다면 자동차는 자산이 아니라 부채이다. 땅이든 집이든 투자를 했지만 땅값이 오르지 않고 집값은 반토막이 나고 여기에 세금과 관리 비용이 계속해서 발생한다면, 이것들은 모두 자산이 아니라 부채라고 생각해야 한다.

부자와 가난한 사람은 돈에 대한 개념, 돈에 대한 생각이 다르고 금융 지식도 전혀 다르다. 돈을 안전하게 분산투자하거나 더 안전하게 은행에 저축하고 리스크를 멀리하라는 것은 가난한 사람들이 돈에 대해 가지고 있는 상식이다. 하지만 부자들의 생각은 이와 정반대였다.

가난한 사람을 더욱 가난하게 만드는 것은 그들이 돈에 대해 가지고 있는 상식이고, 부자들을 더욱 부유하게 만드는 것 또한 그들이 돈에 대해 가지고 있는 지식인 것이다.

결국은 금융 지식이 충분히 있느냐 없느냐 하는 문제로 귀결된다. 그러한 지식은 책을 통해 얻을 수밖에 없다. 대학원이나 강의를 통해 얻는 것도 가능하지만 일시적일 뿐이다. 책은 평생 읽을 수 있다. 책만큼 장기적으로 많은 지식을 얻을 수 있는 수단은 없다.

〈월간중앙〉에서 재미있는 조사를 한 적이 있다. '2005년 억대 연봉자 100명에 대한 조사'이다. 그 조사 결과를 한마디로 말하자면, 억대 연봉자들은 '책을 많이 읽고, 위기를 두려워하지 않고, 자기 자신을 믿으며, 실패를 가치 있게 여기고, 인맥 관리에 신경쓰는 사람'이라고 한다. 열심히 일하는 것이 아니라 열심히 지식을 쌓음으로써 돈을 더 많이 벌 수 있는 것이다. 일의 양이 중요한 게 아니라 한 일의 질이 어떠한가에 따라 당신의 부가 결정되고 미래가 결정된다.

경제 공부의 가장 기초인 환율foreign exchange rate에 대해 잠깐 살펴보면, 환율이란 두 나라 돈의 교환 비율을 말한다. 그 나라 돈의 대외 가치가 어느 정도인지를 보여주는 지표이기도 하다.

원/달러 환율이 1,000원일 때에 비해 환율이 하락해서 500원이 되면 해당 통화의 가치는 2배 상승한 것이다. 반대로 원/달러 환율이 1,000일 때에 비해 환율이 상승해서 2,000원이 되면 해당 통화의 가치는 반이 하락한 것이다.

환율에 대한 지식이 부족하면 주식을 하거나 부동산을 할 때 실패할 수밖에 없다. 가령 2008년 초 경상수지 적자 확대, 외국인 투자자 이탈 등 환율이 크게 상승할 조짐이 보였을 때가 있었다. 이때 당신이라면 주식을 살 것인가 팔 것인가? 그리고 부동산을 살 것인가 팔 것인가? 이러한 선택의 기준은 환율에 대한 지식이 있느냐 없느냐에 따라 결판나고, 그것은 결국 재테크의 성공과 실패를 판가름 짓는 토대가 된다.

환율이 상승할수록 외국인 투자자들은 더 적은 달러를 가져갈 수밖에 없으므로 손해를 보게 된다. 그래서 환율이 상승하면 외국인들은 환차손을 줄이기 위해 주식을 팔아버린다. 그러면 주가지수는 하락한다. 여기에 달러 유출이 많아지면 시장 유동성이 줄어들어 금융시장이 경색되어 주가지수는 한번 더 하락하게 된다.

결국 환율이 상승하면 주가지수는 반대 방향으로 움직여 하락하게 된다. 이러한 지식을 알고 있는 투자자들은 주식을 미리 팔 것이다. 하지만 환율이 크게 상승하고 있는데도 주식을 그저 가지고 있는 사람들은 대규모 투자 손실을 입게 되는 것이다.

환율이 하락할 때는 외국인들이 시세 차익과 환차익을 얻기 위해 투자를 늘리게 되어 있다. 그래서 통화량이 증가하고, 주식 및 부동산 시장에 호재로 작용한다. 반대로 환율이 오르면 통화량이 감소하거나 화폐 유통 속도가 감소하여, 주식 및 부동산 시상에 부징직인 영향을 미칠 수밖에 없다. 이러한 돈의 흐름을 잘 알고 있는 사람과 그렇지 못한 사람 중 누가 돈을 벌고 잃을지는 안 봐도 너무나 뻔하다. 바로 이러한 이유 때문에 돈에 대한 지식을 다양하고 폭넓게 갖추어야 한다.

다양한 지식이 부를 결정한다 -복리의 마법 & 72의 법칙

"인류가 발견한 가장 위대한 법칙 중 하나가 복리의 발명이며, 이는 세계 8대 불가사의다."

20세기 최고의 천재 과학자인 아인슈타인이 한 말이다. 나무 한 그루를 심으면 그것이 숲을 이룬다. 그 과정에 숨어 있는 비밀이 바로 복리이다. 자연의 위대하다. 자연은 이미 복리의 비밀을 알고 있고, 그것을 실천하고 있는 것이다.

인류가 발견한 가장 위대한 법칙인 복리를 당신은 사용하거나 활용하고 있는가? 부자와 빈자의 차이를 가르는 것은 실천하고 있느냐 여부이다. 아무리 많은 지식을 배운다 해도 중요한 것은 실천이다.

복리의 중요성을 배웠다면 지금 당장 복리를 활용할 수 있는 곳에서 실천해야 한다. '복리複利, compound interest'의 사전적인 의미는 '매월 적립한 금액에 대해서만 이자를 더해주는 방식인 단리와 달리, 매월 적립한 금액과 발생한 이자에 이자를 더해주는 방식'이다.

왜 아인슈타인이 복리의 발명을 인류가 발견한 가장 위대한 법칙 중 하나이며, 이것을 세계 8대 불가사의라고 한 것일까? 그 이유를 살펴보자.

가령 철수와 영희가 고등학교에 입학할 때 부모가 선견지명이 있어서 그들의 앞날을 위해 1,000만 원을 6퍼센트와 8퍼센트의 이율로 계산해주는 복리 상품에 각각 가입했다고 가정하자. 그리고 그 사실을 까맣게 잊고 있다가 그들이 결혼을 하고 자녀를 낳아서 그 자녀들이 성장해 결혼시킬 때 목돈이 필요해지자, 자신들이 고등학교에 입학할 때 부모님이 복리 상품에 가입한 것을 기억해내고 은행에 찾아갔다.

철수는 6퍼센트 이율의 복리 상품에 가입되어 있었고, 그로부터 36년이 지나 그의 나이는 지금 51세이다. 직장에서도 퇴직하여 먹고살 길이 막막했다. 영희는 남편이 일찍 세상을 떠나고 세 자녀를 키우느라 고생을 많이 해서, 병치레를 자주 하지만 병원에 갈 돈도 없을 만큼 생활고를 겪고 있었다.

오래전에 단돈 1,000만 원을 예금해두었다는 것을 깨닫고 은행을 찾아간 두 사람은 겨우 몇천만 원 정도 이자가 붙었으면 좋겠다고 생각했는데, 실제 수령 금액을 보고는 놀라지 않을 수 없었다.

철수의 예금은 6퍼센트 복리 상품이어서 36년이 흐른 뒤 8,000만 원을 찾을 수 있었다. 더 놀라운 사실은, 겨우 2퍼센트 높은 8퍼센트 복리 상품에 가입한 영희의 예금은 같은 기간이 흘렀는데 1억 6,000만 원으로 엄청나게 큰돈이 되어 있었다.

철수도 영희도 놀라지 않을 수 없었다. 겨우 2퍼센트의 이율 차이인데 8,000만 원의 차이가 생긴 것이다. 이것이 바로 복리의 마법이다. 만약 이들이 최초 예금 개시일로부터 48년 후인, 그들의 나이 63세 때 돈을 찾았다면, 철수는 1억 6,000만 원을 받을 수 있고, 영희는 무려 3억 2,000만 원을 받을 수 있다.

생각할수록 놀라운 것이 복리의 마법이다. 부자들은 모두 1퍼센트 이율에 목숨을 건다. 아니, 그보다 작은 0.1퍼센트의 이율에도 민감하다. 이러한 이유 때문이다. 복리를 이용하는 자와 복리라는 것이 있는지도 모르고 이용하지 않는 자는 10년 후, 20년 후, 30년 후, 시간이 흐를수록 격차가 더 크게 벌어진다.

돈의 가치는 갈수록 하락하고, 복리의 효과는 갈수록 기하급수적으로 커지기 때문이다. 때때로 길거리에서 한푼두푼 벌면서 한평생 살아온 할머니들의 재산이 수십억이 되는 경우를 보고 놀랄 때가 종종 있다. 할머니들은 어떻게 그런 큰돈을 모을 수 있었을까? 그들은 이러한 복리 예금 상품을 잘 활용한 것이다. 중간에 일을 쉰다 해도 원금만 잘 유지한다면 복리라는 마법사가 돈을 수십억으로 불려준다.

복리의 마법이 우리에게 알려주는 교훈 중 하나는 결국 시간이 돈이라는 사실이다. 처음에는 작고 미미한 것이라도 시간이 흐를수록 그 가치가 기하급수적으로 늘어난다. 복리의 마법은 시간이 부리는 마법이다.

복리와 관련해서 우리가 더 알아두면 좋은 유용한 지식이 있다. 바로 '72의 법칙'이다. 쉽게 말해, 내가 입금한 원금이 언제 두 배가 되는지를 쉽게 알 수 있는 법칙이 바로 72의 법칙이다. 내가 입금한 원금이 두 배가 되는 기간은 72를 이자율의 숫자로 나눈 기간이다.

철수의 경우를 예로 들어보자. 철수는 1,000만 원을 6퍼센트의 이자율로 예금했다. 그 원금 1,000만 원이 언제 두 배가 되는지 쉽게 계산하려면, 72를 이자율의 숫자인 6으로 나누면 된다. 72 나누기 6은 12이므로, 12년 후에 두 배가 된다. 즉 12년 후에 두 배가 되고, 다시 12년 후인 24년 후에는 두 배의 두 배가 되고, 다시 12년 후인 36년 후에는 두 배의 두 배의 두 배가 된다. 그리고 다시 12년 후인 48년 후에는 두 배의 두 배의 두 배의 두 배가 된다.

영희의 경우에는 이자율이 겨우 2퍼센트 차이임에도 두 배가 되는 기간이 3년이나 빨라진다는 것을 알 수 있다. 72의 법칙에 적용해 72를 8로 나누면 9가 된다. 즉 9년 후에 원금의 두 배가 되고, 또다시 9년 후인 18년 후에는 원금의 두 배의 두 배가 된다. 그리고 다시 9년 후인 27년 후에는 원금의 두 배의 두 배의 두 배가 된다. 또다시 9년 후인 36년 후에는 원금의 두 배의 두 배의 두 배의 두 배가 된다.

그렇기 때문에 철수는 36년 후에 원금의 두 배의 두 배의 두 배인 8,000만 원을, 영희는 원금의 두 배의 두 배의 두 배의 두 배인 1억 6,000만 원을 받게 되었던 것이다. 복리의 마법에는 시간의 비밀이 담겨 있고, 이를 알게 된 아인슈타인은 복리의 법칙이야말로 인류가 발견한 가장 위대한 법칙 중 하나라고 말했던 것이다.

콩나물 장사를 하든 막노동을 하든 이러한 사실을 알고 있었던 사람들은 죽을힘을 다해 500만 원 혹은 1,000만 원을 만든 후 복리 상품에 가입했다. 그리고 30년 혹은 40년 후에는 노년을 풍요롭게 보낼 수 있는 미래를 보장해놓았던 것이다. 물론 지금 시중 은행에서도 이러한 사실을 잘 알고 있기에 장기 복리 상품은 사라졌다. 하지만 단기 복리 상품, 월 복리 상품, 다양한 복리식 적금 등을 이용할 수 있다.

이러한 복리의 마법을 여러 가지 상황에 잘 적용해 이용하는 사람은 반드시 부자가 된다. 우리의 미래를 만들어주는 것은 이러한 금융 지식이다.

세상의 모든 돈 버는 원리는 새로운 지식에 달려 있다 -크리에이티브 지식

"단순히 암기해서 얻은 지식은 지식이 아니라 부단히 노력해서 얻은 지식만이 진정한 지식이다."

톨스토이의 이 말은 우리가 아무리 타인의 책을 통해 지식을 얻는다 해도 그 지식을 온전하게 활용하지 못하는 이유를 알려준다. 지식이 많을수록 부자가 되어야 한다. 그렇다면 경제학자들이 가장 큰 부자가 되어야 한다. 하지만 세상은 그렇지 않다. 이론과 실제는 왜 다른 것일까?

이 문제에 대해 나는 한 가지 중요한 사실을 깨달았다. 경제학자들은 그 많은 지식을 자기 힘으로 스스로 노력해서 얻는 것이 불가능하다. 타인이 부단히 노력해서 발견하고 정리하고 구축한 지식을 이해와 암기를 통해 자신의 지식으로 삼은 것이다. 그 결과 지식은 하늘을 날 수 있게 해주는 추진력이 아니라 하늘을 날기에 더욱 힘들게 만드는 무거운 짐이 된다.

돈을 버는 지식은 그것이 어떤 지식이든 자신이 스스로 창조해낸 크리에이티브creative한 지식이어야 한다는 사실에 주목해야 한다. 앞에서도 얘기했듯이 유태인과 한국인 모두 지식을 중요시하지만 노벨상 수상이나 부의 축적 면에서 큰 차이가 나는 이유가 있다. 전자는 창조적 지식, 즉 크리에이티브 지식을 끊임없이 창출해내려 하고, 후자는 그저 암기하여 시험을 잘 보고 좋은 성적을 거두는 데 급급하여 죽은 지식을 익히는 데만 치중한다.

'중국의 상신'으로 불리는, 세계적인 사업가이자 부호인 리자청은 "지식은 단순히 책 속에 있지 않다. 사회와 문화에 대한 이해, 그리고 시대정신을 포함한 지식이어야 비로소 경쟁력을 지닌다. 이제는 지식을 갖춰야만 성공할 수 있는 사회가 되었다"라고 말한다. 그 역시 책 속에 들어 있는 지식이 경쟁력 있고 부를 얻게 해주는 지식이 아니라는 사실에 동의하는 것이다.

부자가 되는 사람은 타인과 경쟁하는 것이 아니라 남들이 하지 않는 것, 남들이 생각하지 못한 것을 새롭게 만들고 구축하여 부자가 된다. 이러한 부자들은 이 시대에 걸맞은 혁신적인 부자이다.

당신이 가진 지식이 어떤 것이냐에 따라 당신이 돈을 벌 것인지 아니면 돈을 낭비할 것인지가 결판난다. 이에 대해 가장 좋은 예로, 미 항공우주국 나사NASA의 사례를 들 수 있다. 우주인이 우주에 나가면 글씨를 쓰고 기록을 남겨야 한다. 물론 녹음을 할 수도 있고, 노트북이나 스마트폰에 필기를 할 수도 있다. 하지만 최악의 경우를 맞아 모든 전력이 바닥나거나 그러한 도구들이 없으면 최후의 수단은 종이에 쓰는 것이다.

하지만 여기에는 또 여러 가지 문제가 발생한다. 지구에서 흔히 사용하는 만년필이나 수성펜 혹은 유성펜은 잉크가 흘러나와 글씨를 쓰게 해주는 원리로 작동된다. 그리고 그 원리의 핵심은 중력이다. 하지반 우주나 우주선 안에서는 중력이 작용하지 않는 무중력 공간이 더 많다. 중력이 없으면 잉크가 흘러나오지 않는다.

그리하여 미 항공우주국에서는 어마어마한 돈을 투자하여 무중력 상태에서 글씨를 쓸 수 있는 펜을 개발해냈다. 그리고 자랑스럽게 세상에 그 사실을 알렸다. 당신이 기업의 경영자 혹은 조직의 지도자였다면 그렇게 했을 것인가?

러시아 우주인들은 그냥 연필을 사용한다고 한다. 과연 어느 쪽이 더 진보한 것일까? 누가 더 현명한 선택을 한 것일까?

어떤 문제를 해결할 때 누군가는 엄청나게 돈을 낭비하면서 해결하고, 누군가는 기존의 것을 잘 활용함으로써 돈 한푼 낭비하지 않고 해결한다. 그리고 이러한 점은 돈을 낭비할 때뿐만 아니라 돈을 벌 때에도 그대로 적용된다. 그래서 누군가는 엄청난 돈을 벌기 위해 엄청난 문제를 해결한다. 하지만 누군가는 똑같이 그렇게 하기 위해 아무것도 하지 않는다. 그 차이를 가르는 것이 바로 지식이다.

성과는 노력이나 투자한 시간이 아니라 지식과 지혜에서 비롯된다. 성과는 일의 양과 비례하지 않는다. 그런데 여기서 우리가 간과해서는 안 되는 것이 있다. 지식이나 지혜는 노력 없이 저절로 갖출 수 있는 것이 아니라는 점이다. 성과는 노력이나 일한 양에 의해 가늠되는 것은 아니지만, 성과를 결정하는 지식과 지혜는 평생 끊임없이 공부하는 자세와 노력을 통해 얻을 수 있다.

성공과 실패가 습관과 노력에 의해 크게 좌우되는 것도 이와 같은 이유 때문이다. 우리가 조심해야 할 점은, 우리의 습관과 노력이 돈 자체에 집중하는지, 아니면 부를 창출하는 지식과 지혜, 기술에 집중하는지이다. 전자의 경우에는 아무리 많은 노력을 해도 그저 돈을 벌어들일 뿐 큰 부를 창출할 수 있는 씨앗을 심는 행위는 아니다. 그 결과 매일 일을 해야 하고 큰돈을 벌 수는 없다. 그래서 평생 일하는 근로자가 된다. 하지만 후자의 경우에는 노력하면 할수록 돈 자체가 아닌 큰 부를 창출할 수 있는 새로운 지식과 기술, 지혜를 창출해내는 행위이기에 어느 정도 인내의 기간이 지나면 엄청난 부를 얻게 된다.

세상의 모든 돈 버는 원리가 담겨 있는 새로운 지식이란, 돈 자체를 버는 행위 대신에 부를 창출해낼 수 있는 기술과 지혜를 만들어내는 행위에 집중하는 방법을 아는 것이다. 이러한 지식은 단지 금융 지식만을 의미하지 않는다. 금융 지식이 그저 돈을 축적하고 관리, 운용, 확장하는 것과 관련되어 있다면, 새로운 부를 창출하는 지식은 새로운 의식이라는 측면에 더 가깝다. 그것은 돈 버는 원리에 관한 지식이며, 부를 창출해낼 수 있는 기술과 지혜에 관한 지식이다.

웬만한 책에 다 적혀 있는 지식은 부를 창출하는 지식이 아니다. 연예인의 인기는 부침이 있고, 달도 차면 기울기 시작한다. 지식도 성장과 퇴보를 한다. 어떤 지식은 그 수명이 길지만 어떤 지식은 수명이 매우 짧다. 그뿐 아니라 어떤 지식은 이미 이 세상 모든 사람들이 다 알고 있는 식상한 지식이다.

돈 버는 원리를 깨닫게 해주고 부를 창출할 수 있게 해주는 지식은 책에 적혀 있는 지식이 아니라, 지금까지 그 어떤 책에도 적히지 않은 지식이다. 살아 있는 지식을 아는 사람의 수가 적을수록 당신은 더 많은 돈을 벌 수 있다.

우리를 부자로 만들어주는 지식은 타인의 지식이 아니라 스스로 부단히 공부하고 노력해서 자기만이 가지고 있는 새롭고 독창적인 지식, 즉 크리에이티브 지식이라는 사실을 명심해야 한다. 그리고 크리에이티브 지식의 주체는 바로 인간이라는 사실 또한 명심해야 한다. 많은 경영자들과 경제학자들이 인간에 주목하는 이유가 바로 이것이다.

인재 경영의 세계적인 학자로 평가받고 있는 제프리 페퍼 Jeffrey Pfeffer는 『사람이 경쟁력이다』(21세기북스, 1995)에서, 기업이 지속 가능한 경쟁 우위를 점하기 위해서는 특허나 기술 같은 요소는 독점적으로 선점할 수 없기 때문에 그것에 집중해서는 안 된다고 주장하면서 결정적이고 차별적인 경쟁 우위의 원천은 바로 '사람'이라고 주장한다. 그는 20년간 미국에서 가장 높은 실적을 달성한 다섯 기업을 분석한 결과, 그러한 기업들은 경쟁 우위를 지속하기 위해 특허나 기술 같은 요소에 집중하고 그것들을 관리한 것이 아니라 바로 '인적 자원', 즉 사람에 집중하고 그들을 관리했다는 사실을 알게 된 것이다. 즉 수많은 기업들이 명백하고 확실한 기술에 집중하고 투자하면서도 사람이나 기업 문화와 같은 것을 간과하기 때문에 지속적인 경쟁 우위를 확보하지 못하고 나타났다가 바로 사라져버린다는 것이다. 그래서 지속적인 경쟁 우위의 원칙은 바로 사람을 키우는 것이라고 주장한다.

"기업이 진정으로 중시해야 하는 것은 사람이며, 사람을 통한 경쟁 우위만이 지속 가능한 경쟁 우위이다."

사람만이 새로운 지식, 즉 크리에이티브 지식을 창출해낼 수 있기 때문에, 결국 사람이 최고의 자원이며 경쟁력이라는 것이다.

하버드 경영 대학원 교수인 로자베스 모스캔터는 "성공 기업의 비결은 바로 사람"이라고 말한 바 있다. 그녀는 미래 조직의 중심에는 바로 사람이 있다고 단언한다. 그녀의 주장을 토대로 볼 때 조직의 중심인 사람을 관리한다는 차원에서 모든 기업과 조직의 구조, 운영은 사람 중심으로 재편되어야 한다. 정보는 관리 대상이지만, 지식은 관리가 아니라 창출 대상이고 공유 대상이고 경영 대상이다. 이제 인적 자원을 관리하는 시대에서 벗어나 인간을 중심으로 한 기업으로 변화해야 한다. 부와 경쟁력의 원천인 지식을 결합하고 통합하여 새로운 차원의 더 나은 지식을 창출해낼 수 있는 존재는 인간뿐이기 때문이다.

아무리 많은 책과 정보, 컴퓨터와 기계가 있어도 지식을 창출하는 역할은 하지 못한다. 과거 산업사회에서는 로봇이 인간의 노동을 얼마든지 대신했지만, 이제는 로봇이 대신하지 못하는 지식 창출이 경제의 가장 중요한 핵심 요소인 시대이다.

과거에도 인재 중심, 사람 중심의 조직은 크게 성공하고 번영했다. 그러한 사례를 보여주는 사람이 바로 GE의 CEO였던 잭 웰치다. 그는 사람 중심의 조직이 경쟁력이라는 사실을 알았다. 그는 과거에 뿌리깊게 박혀 있던 GE의 관료주의와 군대식 기업 문화를 바꾸기 위해 10만 명 이상의 직원을 해고했고, 남은 30만 명의 평범한 직원들을 모두 혁신가로 탈바꿈시키는 특단의 조치를 취했다. 그는 물론 '6 시그마'를 통한 품질 혁신, 세계화, e-비즈니스 등의 전략도 동시에 실행했지만 인재 양성에 가장 먼저, 가장 많이 집중한 CEO였다. 그는 직원들이 변화하면 제품과 서비스가 변화하고, 그로 인해 위대한 회사로 탈바꿈한다는 사실을 알았고, 그대로 실천했다.

"우리가 위대한 사람을 만들어내면, 그들은 위대한 제품과 서비스를 만들어낸다."

이것이 잭 웰치의 주장이다. 기업과 기업의 CEO는 이러한 인간 중심의 조직을 만들어내는 데 집중해야 한다. 이렇듯 기업이 인간에 집중하는 이유는, 인간만이 크리에이티브 지식을 창출해낼 수 있는 유일한 존재이기 때문이다.

기업뿐만 아니라 개인에게도 이 원리는 그대로 적용된다. 기업이든 개인이든 크리에이티브 지식을 창출해낼 수 있는 사람만이 성공하고 부를 획득할 수 있다.

바보야! 문제는 지식이라니까! —켈리의 공식 vs 부의 공식

열심히 일하지만 평생 가난하게 사는 사람을 우리는 쉽게 볼 수 있다. 전체의 80퍼센트가 그런 사람들이기 때문이다. 평생 일하지 않아도 먹고살 돈이 있는 사람을 부자라고 하고, 그렇지 못한 사람, 즉 평생 꾸준히 일해야 어느 정도 삶을 유지할 수 있는 사람은 가난한 사람이다. 경제적으로 완전히 독립하지 못했기 때문이다.

부자와 평범한 사람의 차이는 바다를 건너는 법의 차이로 쉽게 비교할 수 있다. 배를 타고 바다를 건너는 방법은 많다. 그런데 어떤 이들은 돛을 펴는 방법을 몰라서 힘들게 노를 젓는다. 노를 젓는 것이 이들에게는 바다를 건너는 방법이다. 하지만 이런 방법은 굉장히 힘이 들고 노력을 요하면서도 성과는 미미하다. 그리고 이런 방법의 가장 나쁜 점은 쉴 수가 없다는 것이다.

노를 젓지 않는 순간 배는 멈추고 만다. 평생 일을 해야 먹고살 수 있는 사람들의 삶의 방식과 닮아 있다.

노를 저어서 바다를 건넌 사람은 단 한 명도 없는 것처럼 열심히 일해서 부자가 된 사람은 없다. 하지만 돛을 펴는 방법을 배워 그 돛을 펴서 바다를 건너는 사람은 쉬지 않고 노를 저어야만 하는 삶에서 벗어난 사람이다. 돛을 펴서 바람의 힘을 이용해 바다를 건넌 사람들은 적지 않다.

돛을 펴는 것은 한마디로 부를 창출할 수 있는 지식이다. 지식이라는 돛을 이용하면 세상의 흐름과 시스템, 자본주의 사회라는 바람의 힘을 이용할 수 있다. 자본주의 구조와 돈의 흐름이라는 힘을 이용할 때 배는 훨씬 더 빨리 나아갈 수 있다.

직장에 취업해서 열심히 일하는 것은 매일 노를 저어서 누군가의 배가 전진하도록 도와주는 것에 불과하다. 바보들은 평생 노젓기에 집중한다. 부자들은 노를 저으면서도 돛을 펴는 것을 목표로 삼는다. 돛을 펼 수 있는 방법을 배우고 익히면서 기회를 만들어낸다. 그 결과 부자가 되는 사람들은 어느 순간이 되면 노를 손에서 놓고 돛을 펴기 시작한다. 그것은 때로는 무모하고 위험해 보일 수 있다. 하지만 무모하고 위험해 보이는 시도는 더 큰 부와 눈부신 미래를 선사해준다.

세상에서 가장 빨리 가장 많은 돈을 파산 위험 없이 합법적으로 벌 수 있는 주식시장과 카지노와 경마장에서 실제로 증명

된 아주 간단한 공식이 있다. 이 공식은 20세기 최고의 수학자이자 정보 이론의 아버지 클로드 섀넌으로부터 시작되었고, 벨 연구소의 요절한 천재 물리학자 존 켈리에 의해 공식이 되어 세상에 나왔다. 이 공식은 그후 20년간 월스트리트에서 최고 수익률을 올린 헤지펀드 매니저이자 MIT 수학과 교수 출신인 에드워드 소프에 의해 증명되었다.

이 공식은 공식을 완성한 존 켈리의 이름을 따서 '켈리의 공식'이라고 부른다.

$$Gmax=R$$

여기서 G는 부의 성장률을 의미한다. 그리고 작은 글씨 max는 최댓값을 의미한다. 따라서 Gmax는 최대 성장률을 의미한다. 가장 빨리 부자가 되는 것은 결국 R과 등가라는 뜻이다. 여기서 R은 정보 전달률, 즉 정보의 양이다.

MIT에서 물리학을 전공한 윌리엄 파운드스톤은 『머니 사이언스』(동녘사이언스, 2006)에서 이 공식에 대해 다음과 같이 설명했다.

"아인슈타인의 평범한 동시대 사람들에게 $E=mc^2$는 터무니없는 것이었다. 물질과 에너지는 완전히 다른 개념이었다. 이와 마찬가지로 켈리의 공식 역시 많은 사람들에게 황당할 뿐이었다.

돈이 정보와 등가라니, 비트나 바이트가 어떻게 달러, 엔, 유로와 등가일 수 있단 말인가? (…) $E=mc^2$은 가장 작은 물질 알갱이 하나에 도시 전체에 동력을 공급하거나 그 도시를 태워 없애버릴 수 있을 만큼 엄청난 양의 에너지가 들어 있음을 보여준다. $G_{max}=R$는 불과 몇 비트의 정보가 어떤 포트폴리오 매니저나 악덕 사채업자도 꿈꾸지 못할 만큼의 엄청난 수익을 창출할 수 있다고 주장한다."

이 공식에서 우리가 명심해야 할 점은 정보가 돈이라는 것이다. 단 1비트로 수입이 두 배 늘어날 수 있다는 것은, 정보가 돈이라는 말이 아니라 돈보다 몇 배 더 가치 있다는 말이다.

그런데 이러한 원리를 더 잘 적용할 수 있는 것이 바로 지식과 부의 관계라고 생각한다. 그래서 나는 '부의 공식'을 다음과 같이 생각한다.

$$R_{max}=tk^2$$

이 공식에서 R은 리치rich를 의미한다. 가장 빨리, 가장 크게, 최대한으로 부자가 되는 공식은 t와 k의 제곱이다. 여기서 t는 기발한 아이디어, 올바른 생각, 남다른 생각을 의미하는 씽크think이다. 그리고 k는 금융 지식, 자신이 스스로 만들어낸 독창적인 지식, 혁신적이고 새로운 지식knowledge을 의미한다.

지식에 제곱을 한 이유, 즉 지식을 두 번이나 곱한 이유는 그만큼 더 많은 부를 창출해내기 때문이다. 우리가 독서를 두 배 더 하면 두 배 더 잘살게 되는 것이 아니라 열 배 더 잘살게 된다. 그래서 지식을 두 번 곱한 것이다.

이 공식처럼, 부자가 되고 싶다면 혁신적인 생각, 남다른 아이디어와 함께 지식이 있어야 한다. 부는 지식이 있는 만큼 획득하고 창출하게 된다. 세상에 휘둘리지 않고, 시장을 이기고, 경제의 험난한 파도를 헤쳐나가기 위해서는 제대로 된 지식이 있어야 한다. 금융 지식 없이 부자가 되고자 하는 것은, 항해술도 모르고 바다에 대한 지식과 정보도 없이 바다 한가운데로 내달리는 것과 다를 바 없다.

부를 창출할 수 있는 탁월한 지식을 갖춘 이는 전쟁을 시작하기 전에 먼저 이겨놓고 전쟁을 시작하는 장수와 같다. 이 이야기는 『손자병법』의 '군형軍形' 편에 나오는 다음 말에서 찾을 수 있다.

"전쟁에서 이기는 장수는 전쟁을 시작하기 전에 먼저 이기고 전쟁을 시작한다. 반면 전쟁에서 패하는 장수는 전쟁을 시작하고 나서야 이길 궁리를 한다."

세상의 경쟁 속에서 부자가 되는 사람은, 이미 부자가 될 수 있는 방법과 지식을 통해 먼저 부자가 되고 나서 부자가 되는 길을 걸어가는 사람이라고도 말할 수 있다.

운 좋은 바보>똑똑한 지식인?
–나비 효과와 무지無知의 '지'知

"이 책은 무적의 투자 전략임을 내세우며 출간된 수많은 유해 서적에 대한 완벽한 해독제이다."(나심 니콜라스 탈레브의 책에 대한 〈선데이 타임스〉의 리뷰)

〈포춘〉지 선정 역사상 가장 지혜로운 책으로 지목된 책은 어떤 책일까? 이 책의 저자는 2009년에는 〈포브스〉지에서 발표한 '세계에서 가장 영향력 있는 경제 전문가'로 선정되었다. 그런데 놀랍게도 이 책의 저자가 주장하는 일관된 견해는 충격적이다.

"세상사는 너무나도 불확실성 속에 놓여 있기 때문에 예측도 기대도 하지 말라."

즉 세상사의 대부분은 운에 좌우된다는 것이다. 그가 이러한 견해를 세상에 처음 내놓았을 때에는 아무도 그를 거들떠보지 않았다. 한마디로 철저하게 무시당했고 외면당했다. 하지만

2008년 서브프라임 모기지 사태 이후 세계에서 가장 주목받는 경제학자로 부상하게 되었다.

〈포춘〉지 선정 역사상 가장 지혜로운 책으로 지목된 책은 나심 니콜라스 탈레브의 『행운에 속지 마라』(중앙북스, 2010)이다. 이 책을 통해 나심 니콜라스 탈레브는 성공한 사람들은 대부분 운 좋은 바보들이었다고 주장한다. 그리고 그러한 사례의 대표적인 인물로 워런 버핏을 꼽는다. 로또에 당첨될 확률은 벼락을 두 번 맞을 확률과 같지만, 매주 여러 명의 당첨자가 꼭 나온다. 그것은 로또를 사는 사람들이 그만큼 많기 때문이다. 시장의 원리, 성공하는 사람의 탄생도 로또 당첨과 마찬가지라고 말한다. 투자를 직업으로 하는 사람이 많을수록 그중에는 운좋은 사람이 등장하기 마련이라는 것이다. 그래서 수백만 명의 투자자들 중에서 워런 버핏 같은 사람이 나오지 않는다면 그게 더 이상한 일이라고 한다. 워런 버핏 역시 운좋은 바보에 불과한데, 그가 지닌 특별한 자질이 그가 얻은 성공과 부의 조건이라고 생각하는 수많은 추종자들이 있다.

똑똑하고 근면하며 인내심 있는 사람들이 많이 성공했다고 해서 성공한 사람이면 모두 똑똑하고 근면하며 인내심이 있는 것은 결코 아니다. 똑똑하고 근면하고 인내심이 있으면 누구나 반드시 성공하는 것도 아니다.

우리를 부자로 만들어주는 최고의 지식은, 우리가 알고 있는 지식은 완전하지 않다는 사실에 대한 자각이어야 한다는 것이다. 물론 바보보다는 금융 지식을 아는 사람이 부자가 되는 데 더 유리할 수 있다. 그래서 당신을 부자로 만들어주는 다섯 번째 요소는 지식이다. 하지만 그 지식을 절대로 맹신해서는 안 된다는 것을 아는 것, 인간이 지닌 지식의 불완전성과 우리가 살아가는 이 세상의 불확실성에 대한 자각과 그에 대한 지식이 중요하다.

결국 지식에 대한 지식의 최고봉은, 우리 자신은 절대로 아는 것이 없다는 것에 대한 지식이어야 한다. 그것을 받아들일 때 어설픈 기대나 예측을 하지 않을 수 있고, 그럼으로써 좀더 나은 선택을 할 수 있다.

위대한 철학자인 소크라테스는 "나는 내가 무지하다는 것을 안다"라는 '무지無知의 지知'에 대해 말했다. 결국 모든 지식은 종착역은, 자신의 무지와 인간의 부족함을 깨닫는 것이어야 한다.

부자가 되고 싶다면 부자들의 속성을 연구하고 그들을 흉내 내라. 그러면 그들처럼 될 수도 있다. 하지만 그것은 어디까지나 일반적인 이야기에 불과하다. 모든 것을 자신의 것으로 소화시키고 체득해야 한다. 부자가 되는 완벽한 조건을 모두 갖춘 사람이 있다고 하자. 하지만 문제는, 우리가 살아가는 이 세상이 너무나 불확실하기 때문에 그 어떤 것도 예측할 수 없다는 것이다.

탈레브는 이러한 이야기를 우리에게 전한다. 그리고 우리가 배워야 할 최대의 지식은, 세상사는 지식이나 재능보다 운이 더 많은 것을 좌우할 수도 있다는 사실이다. 그렇다고 지식이나 재능을 완전히 배제하는 것은 운 좋은 바보가 되는 것보다 더 큰 바보가 되는 길이라는 사실도 알아야 한다.

좀더 현명해지고 부자가 될 수 있는 요소를 갖추면, 운도 그만큼 더 잘 작용하게 될 것이라고 믿어야 한다. 하지만 너무 크게 믿지도 말고, 예측하지도 말고, 기대하지도 말아야 한다.

인간의 두뇌는 확률 개념을 쉽게 이해하지 못하는 경향이 있다. 그래서 '전부 아니면 전무' 방식으로 생각하려는 경향이 있다. '세상만사가 다 운이다'가 아니라 '생각보다는 운도 중요하다'라는 말을 제대로 설명하거나 이해하기가 힘들다는 것이다.

당신을 부자로 만들어주는 지식은 금융 지식이다. 하지만 그러한 금융 지식보다 더 중요한 지식은, 이 세상이 어떤 식으로 돌아가고 있는지 통찰할 수 있는 지식이다. 그러한 지식의 핵심은, 이 세상은 우연과 운이 차지하는 비중이 우리 생각이나 지식에 비해 훨씬 더 크다는 사실이다. 이에 대해 탈레브는 다음과 같이 설명한다.

"누군가 과거에 뛰어난 실적을 올렸다면, 나는 그가 미래에도 뛰어난 실적을 올릴 가능성이 있음을 부인하지 않는다. 그러나 그 가능성은 너무도 미미해서 의사결정에 아무 소용이 없을 정도다. 왜 그럴까? 두 가지 요소에 좌우되기 때문이다. 두 요소는 그 활동에서 '우연'이 차지하는 비중과 원숭이의 숫자다.

우선 표본 숫자가 매우 중요하다. 타자기를 친 원숭이가 다섯 마리라면, 나는 『일리아드』를 친 원숭이에게 깊이 감명받을 것이고, 심지어 고대 시인이 환생한 것이 아닌지 의심할 것이다. 만일 원숭이 숫자가 10억의 10억 거듭제곱이었다면 나는 그다지 감동하지 않을 것이다. 오히려 그중 한 마리가 우연히 유명 작품을 찍어내지 않는다면 나는 더 놀랄 것이다. (카사노바의 『나의 편력Memoirs of My Life』이 나올지도 모른다.) 심지어 한 마리는 전직 부통령 엘 고어의 『위기의 지구Earth in the Balance』를 상투적 표현을 뺀 채 찍어낼지도 모른다.

비즈니스 세계는 운에 크게 좌우되므로, 이런 문제가 더 심각하게 발생한다. 사업가의 숫자가 많아질수록, 그중 한 사람이 우연히 탁월한 실적을 올릴 가능성도 커진다. 그러나 나는 원숭이 숫자를 세는 사람을 본 적이 없다. 마찬가지로, 증권 시장에서 투자 성공 확률을 계산하기 위해서 투자자 숫자를 세는 사람도 본 적이 없다."

우리는 얼마나 많은 사람이 성공하기 위해 비슷한 길을 걷고 있는지 알 수 없다. 다만 남다른 성공을 거둔 이들만을 알 수 있을 뿐이다. 조용히 사라지고 나타나지 않는 실패한 사람이 얼마나 많은지 우리는 정확하게 알지 못한다. 생존자들, 성공자들만 알 수 있는 것이다. 그 결과 우리는 성공에 대해 잘못된 견해를 갖게 된다.

탈레브가 주장하는 “우리 인간에게는 앞날을 정확하게 예측하는 능력이 없다”는 사실에 대한 지식이 우리를 부자가 되게 해주는 지식이라고 강조하고 싶다. 즉 『블랙 스완』의 교훈처럼 미래에 어떤 사람이 크게 성공하고 부자가 될 것인지는 아무도 모른다는 사실을 명심해야 할 것이다.

당신을 부자로 만들어주는 최고의 지식은, 아무도 미래를 정확히 예측할 수 없으며, 우리가 시장의 역사에서 배울 수 있는 교훈은 과거에 결코 발생한 적 없는 사건이 미래의 어느 순간에 반드시 벌어진다는 사실을 깨닫는 것이다.

우리에게는 지식이 만병통치약이 아니라는 지식이 필요하다. 우리가 사는 세상이 너무나 불확실성 위에 놓여 있기 때문에 우리는 운과 더불어 살아가야 한다. 그렇다면 어떻게 살아가야 할까? 모든 것이 운에 달린 것은 아니지만, 대부분의 것이 운과 관련 있다. 그러므로 우리가 운에 속아야 한다면 아름답고 해롭지 않은 운에 속는 편이 낫다.

유태인 속담 중에 “어쩔 수 없이 돼지고기를 먹어야 한다면 최고급으로 먹는 편이 낫다”는 말이 있다. 우리 모두가 운이 지배하거나, 그 정도는 아니더라도 운이 막대한 영향을 미치는 이 세상에서 어쩔 수 없이 운과 함께 살아가야 한다면, 최고의 운을 자기 것으로 만드는 편이 나을 것이다.

바로 그 방법이 이 책에서 제시하는 다섯 가지 요소를 갖추는 것이다. 그 다섯 가지 요소를 갖춘다면, 어디로 떠내려갈지 모르는 망망대해에서 최소한의 식수와 먹을 것, 구명보트, 구명조끼 정도는 갖춘 셈이다. 식수와 먹을 것, 구명보트와 구명조끼를 챙긴 사람은 최악의 상황이 닥쳤을 때 아무것도 없는 사람보다 더 오래, 더 쉽게 견뎌낼 수 있다.

탈레브는, 워런 버핏을 비롯해 조지 소로스 같은 인물들에 대해 그들은 모두 운이 좋은 바보일 뿐이라고 과감하게 주장한다. 그의 주장처럼 그들은 잇따른 성공 덕에 세로토닌이 다량으로 분비되면서 자신에게 돈 버는 능력이 있다고 스스로를 속이는 지경에 이른다. 실적이 향상되면 세로토닌이 증가하고, 이 때문에 승승장구하며 리더십, 지혜, 현명함, 철학, 혜안, 통찰력 등 온갖 좋은 것들과 남들이 모르는 그 무엇인가를 추가로 가지고 있는 듯 보이기도 한다. 그래서 그들의 실적에는 운 같은 것이 낄 자리가 없는 듯 보인다. 하지만 그들에게는 주식을 정확하게 예측할 능력은 없다는 것을 이 세상의 모든 상황이 말해주고 있다. 단지 운이 좋았던 것뿐이라고 말이다.

당신이 운이 좋아서 부자가 되든, 운이 나빠서 부자가 되지 못하든 다섯 가지 요소를 갖추는 것이 훨씬 더 나은 이유는, 그것이 당신으로 하여금 조금 더 나은 삶을 살아가게 해줄 것이기 때문이다.

'운'이라는 말은 결국 당신이 올바른 요소, 지식을 갖추고 살아가는 것을 의미한다고 생각한다. 아래 단어들의 첫 글자를 뽑아보라. 그것이 바로 운LUCK이다. 올바른 요소와 지식을 갖추고 살아갈 때 당신에게 운이 따르게 된다는 사실을 잊지 말라.

운LUCK = Live Under Correct Knowledge

다시 한번 말하자면, "부자가 되는 것 또한 세상의 다른 것들처럼 당신이 아는 만큼 될 수 있고, 아는 만큼 누릴 수 있고, 아는 만큼 운도 따라 준다"는 말은 틀린 말이 아니다.

에필로그

부자의 비밀을 알면 당신도 부자가 될 수 있다

"부자들은 점점 부유해지고 있다. 당신은 어떠한가? 최근 뚜렷한 사회현상 중 하나는 중산층이 사라지고 있다는 것이다. 그리고 이러한 중산층의 감소는 국가의 안정은 물론 민주주의 자체를 위협하고 있다. 그래서 우리는 당신이 부자가 되어, 우리 사회의 문제가 되기보다는 해결책이 되었으면 한다."

『기요사키와 트럼프의 부자』를 쓴 로버트 기요사키와 도널드 트럼프의 말이다. 우리나라, 아니 우리 주위 사람들만 살펴봐도 이러한 현상을 확실하게 알 수 있다. 중산층은 점점 더 감소하고 있다. 그리고 그러한 현상, 즉 당신이 가난해지는 것은 당신에게 가장 큰 문제일 뿐만 아니라 우리 사회의 가장 큰 문제이기도 하다. 그러므로 당신이 가난에서 벗어나 부자가 되는 것은 사회의 가장 큰 문제를 해결하는 셈이다.

그러므로 당신이 부자가 되는 것은 일석이조의 효과가 있는, 매우 중요한 일이다. 부자의 요건만 갖춘다면 누구든 부자가 될 수 있다. 그러므로 당신은 이 책에서 제시하는 스스로 부자가 되는 방법, 즉 당신을 부자로 만들어줄 다섯 가지 요소를 갖춘 사람이 되어야 한다.

미래는 준비된 자의 것이다. 아무 준비도 없이 그저 열심히 살아가는 사람은 매우 어리석은 사람이다. 철저한 준비와 계획, 전략은 최고의 성공 비결이 아니라 망하지 않기 위해 반드시 필요한 전략이다. 그런데 무조건 열심히 살아가는 사람들은 자신이 어떤 길을 가고 있는지 알지 못할 뿐만 아니라, 가장 좋은 방법을 궁리하지 않기 때문에 언제나 더 멀고 험한 길을 간다.

지름길은 아무에게나 잘 보이는 곳에 있지 않다. 궁리하고 생각하고 철저하게 준비한 사람만이 지름길을 발견할 수 있다. 부자가 되는 다섯 가지 요소를 배우고 익히고 갖추는 것은, 부자가 되는 가장 빠른 길을 준비하는 것과 같다.

"고상한 사람들에게 돈과 관련된 질문을 하면 섹스와 관련된 질문을 받았을 때와 마찬가지로 고상한 척하며 모순과 위선이 가득한 태도로 대답할 것이다."

프로이트의 말처럼, 우리는 돈과 부자에 대해 다소 모순되고 위선적인 태도를 취하는 데 익숙해 있다. 부자들을 경멸하면서도 자신은 부자가 되지 못한 것을 스스로 원망하며 자책한다. 그러면서도 부자들은 다 나쁘고 독한 놈들이라고 비난한다.

하지만 우리가 명심해야 할 한 가지 사실은, 우리가 부자가 되지 못한 것은 나쁜 놈이나 독한 놈이 못 되어서가 아니라 부자가 될 수 있는 요건을 알지 못하고 그것을 갖추지 못했기 때문이라는 점이다.

돈은 우리가 세상과 자신을 보는 일종의 렌즈이며 반사경이다. 돈이 더럽게 보인다면 당신은 세상을 더럽게 보는 사람이다. 돈이 아름답게 보인다면 당신은 세상을 아름답게 보는 사람이다. 돈이나 세상은 중립이어야 한다. 낮과 밤이 있고, 선과 악이 있고, 남극과 북극이 있다. 동전에도 양면이 있다.

돈은 칼과 같은 도구이다. 사과를 깎아 먹거나 요리를 하려 하는데 칼이 없다면 아무것도 하지 못한다. 어떤 사람은 칼을 가지고 인생을 망치는 일을 한다. 돈은 우리가 저녁을 해 먹기 위해 반드시 필요한 도구와 같다.

부자가 된다는 것은, 부자가 되고 나서 돈을 어떻게 사용할 것인가에 대해 말해주지는 않는다. 다만 부자가 되는 그 길목에도 미처 다다르지 못한 이들을 위한 지침일 뿐이다. 돈을 어떻게 사용할지는 그다음에 당신이 선택할 문제이다. 이 책은 그런 점에서 반쪽짜리 책일 것이다. 하지만 일단은 먼저 부자가 되는 것이 중요할 것이다. 정상에 선 후에 내려올 방법을 생각해도 늦지 않다.

이 책은 산의 정상에 오르는 방법, 당신이 산의 정상에 오를 수 있도록 해주는 도구에 대한 이야기이다. 부자의 요건을 갖추면 누구나 부자가 될 수 있다. 단 한 가지만 더 추가된다면 말이다. 바로 '행운'이다.

당신에게 행운이 있기를 바란다. 그리고 부가 인생의 전부는 아니지만 많은 것을 가능하게 해준다는 사실을 잊지 말기를 당부한다.

부의 5가지 법칙

당신도 부자가 될 수 있다

초판 1쇄 인쇄 2019년 12월 13일
초판 1쇄 발행 2019년 12월 23일

지은이 김병완
펴낸이 신정민

편집 신정민 박민주
디자인 이현정
저작권 한문숙 김지영
마케팅 정민호 김도윤
모니터링 이희연
홍보 김희숙 김상만 오혜림 지문희 우상희
제작 강신은 김동욱 임현식
제작처 영신사

펴낸곳 (주)교유당
출판등록 2019년 5월 24일 제406-2019-000052호

주소 10881 경기도 파주시 회동길 210
문의전화 031-955-2696(마케팅) 031-955-3583(편집)
전자우편 paper@munhak.com

ISBN 979-11-902771-8-1 03190

• 이 도서의 국립중앙도서관 출판예정도서목록(CIP)은 서지정보유통지원시스템 홈페이지(http://seoji.nl.go.kr)와 국가자료공동목록시스템(http://www.nl.go.kr/kolisnet)에서 이용하실 수 있습니다. (CIP제어번호: CIP2019049871)